Silvia Kahn - Laurent Storck

MON EX EST UN GROS NAZE

TOUTE RESSEMBLANCE AVEC VOTRE EX
N'EST PAS FORTUITE MÊME SI NOUS
NE LE CONNAISSONS PAS.

Cet EXemplaire unique appartient à

....

ISBN : 978-2-822-21143-7

Jungle est une maison du groupe Steinkis.

Première édition – Mai 2015

Achevé d'imprimer en Espagne par Edelvives en mars 2015

Dépôt légal : mai 2015

Charte graphique et maquette (couverture et intérieur) : © Jungle

Crédits photographiques : p. 46 © Graphic design - Shutterstock.com ; p. 47 © Iakov Filimonov - Shutterstock.com ; p. 54 © Alexandra Lande - Shutterstock.com ; p. 59 © pashyksvsv - Shutterstock.com ; p. 64 © Production Perig - Shutterstock.com ; p. 67 © Felix Mizioznikov - Shutterstock.com ; p.72-74 © Armada Studio ; p.86-87 © Amudsen - Shutterstock.com ; p.87 © Armada Studio ; p. 96 © Africa Studio - Shutterstock.com / Armada Studio ; p. 101 © Pressmaster - Shutterstock.com ; p. 134 © Goodluz - Shutterstock.com ; p. 140 © Chaiwatphotos - Shutterstock.com / Armada Studio.

À tous nos ex qui ne nous ont pas du tout inspirés*
pour écrire ce livre, enfin presque pas...
En tout cas, pas tous.

---

* Tous : faut pas non plus s'emballer, il n'y en a pas eu tant que ça même si les auteurs sont deux ~~vieux, séduisants et populaires.~~

DÉFINITIONS DE L'EX

• L'ex est une personne que vous avez bien connue de la tête au cul (nu).

• L'ex est une personne que vous avez bien connue mais qui ne vous reconnaît plus.

• L'ex est une erreur ~~de jeunesse/de vieillesse/de vacances~~.

• L'ex est celui avec lequel vous vous étiez juré de ne jamais remettre le couvert. Vous l'aviez également juré à vos parents, à vos frères et sœurs, à vos amis et même à vos animaux domestiques (un soir de beuverie).

• L'ex est celui à propos duquel vous vous demanderez toute votre vie : « Mais comment ai-je pu ? »

• L'ex est celui que l'on compare souvent avec le suivant, ~~puis avec le suivant, puis avec le suivant, puis avec...~~

• L'ex est celui dont vous ne voulez plus jamais entendre parler, mais dont vous parlez sans cesse.

• L'ex est le petit caillou dans toutes vos paires de chaussures.

TEST

DE QUEL EX DISPOSEZ-VOUS ?

Ce questionnaire doit être rempli seule :
si vous l'êtes encore depuis votre rupture, ne pleurez pas, ça ne sert à rien et ça ne le fera pas revenir ; si vous êtes de nouveau en couple, évitez de contrarier cette personne...

Répondez sans réfléchir (plusieurs réponses sont possibles).

Celui qui veut revenir à tout prix (et vous le fait savoir*).	☐ Oui	☐ Non
Celui qui ne paye plus sa pension alimentaire (c'est le même que celui qui veut revenir à tout prix car il ne veut pas la payer).	☐ Oui	☐ Non
Celui qui ne veut plus jamais entendre parler de vous (et vous le fait savoir**).	☐ Oui	☐ Non
Celui dont vous ne voulez plus jamais entendre parler.	☐ Oui	☐ Non
Celui que vous aimez encore (est-ce bien raisonnable avec toutes les crasses qu'il vous a faites ?).	☐ Oui	☐ Non
Celui qui veut vous revoir juste une fois (il n'a pas sa copine sous la main ou il a oublié son slip fétiche Calvin Klein chez vous).	☐ Oui	☐ Non
Celui qui s'est exilé au bout du monde (raisons fiscales ?).	☐ Oui	☐ Non

* Par tous les moyens :

• **sur Facebook** : il met des photos de lui désespérément seul en caleçon distendu devant un frigo ouvert sur un demi-citron séché, une carotte entamée et une motte de beurre rance ;
• **par mails** : il vous arrose d'invitations au théâtre, au cinéma, à la piscine, au spa, à l'hôtel, à la bibliothèque, chez sa mère, à son prochain mariage (?) ;
• **par SMS** : il vous inonde d'émoticônes avec des petits cœurs, des petits chiens, des petits chats, plein de petits trucs de filles qui prouvent sa motivation à vous récupérer ;
• **par sa meilleure copine** : elle vous dit qu'il est éploré, qu'il est à deux doigts de mettre fin à ses jours et qu'il a déjà acheté l'arme fatale : un escabeau…
• **par sa mère** : elle vous implore de le reprendre (elle vient juste de transformer sa chambre en salle d'Aquabike) ;
• **par votre mère** : elle l'adooore : il est comme un fils pour elle !
• **par votre sœur** : elle veut juste vous emmerder, la pauvre fille, vierge à 35 ans, on la comprend.

** Par tous les moyens :

• **sur Facebook** : il refuse même de jouer à Candy Crush avec vous ;
• **par huissier** : il vous enjoint de cesser de le harceler !
• **par puzzle** : avec un peu d'imagination…

Vous voyez, maintenant que votre ex est classé, vous regrettez moins qu'il soit votre ex.

Il va devenir votre ex

Les signes qui ne trompent pas (eux)

• Il sort le chien pendant une heure alors qu'il ne le faisait jamais avant (non, votre animal n'est pas gravement constipé, c'est votre mec qui téléphone à sa maîtresse).

• Il a acheté sept caleçons neufs, tout seul comme un grand, même pas en promo (en vingt ans de mariage ce n'était jamais arrivé, ne cherchez pas, ce n'est pas pour vous faire plaisir).

• Cette année, il ne part pas en vacances avec vous et les enfants car il va se ressourcer dans un couvent (mais bien sûr, et il va rencontrer Dieu aussi).

• Il a du travail très tôt le matin et tous les week-ends jusqu'à 23 heures (du jamais vu surtout qu'il n'a jamais été un gros bosseur).

• Il est tout le temps de bonne humeur.

• Il vous fait l'amour dans de nouvelles positions ou il ne vous fait plus l'amour du tout… (plus facile à détecter et plus courant).

• Il prend son portable pour se laver les dents (pourtant, ni Samsung ni Apple n'ont encore inventé le téléphone-brosse à dents).

• Il a de nouveaux amis que vous ne connaissez pas et avec qui il fait beaucoup de sport : « Mais non chérie, tu vas t'ennuyer avec nous... » (À 45 ans, on ne va pas se mentir, il ne prépare pas les JO.)

Nous sommes conscients que les paragraphes précédents vont rendre paranos de nombreuses lectrices et créer beaucoup de tensions au sein des couples, mais on ne voit pas comment faire autrement, à part vous dire que peut-être...

☞ Le chien a la diarrhée parce qu'il lui a laissé boire le lait dans la gamelle du chat et il culpabilise.

☞ Sa mère lui a offert sept caleçons ravissants mais il sait que vous détestez sa mère.

☞ Il a vraiment rencontré Dieu mais il a peur de vous l'avouer.

☞ Il a déjà été convoqué deux fois par la DRH et il ne veut pas perdre son job.

☞ Il est de bonne humeur, il a le droit non, prenez exemple sur lui !

☞ S'il vous a fait l'amour pendant les vingt premières années, c'est déjà pas mal.

☞ Si on n'a plus le droit d'emporter son portable dans la salle de bains... Merde, on est en démocratie !

☞ Il prépare en cachette votre anniversaire de mariage !

Voilà, si ça se trouve ce n'est pas un gros naze et ce n'est pas encore votre ex, tout va bien pour le moment.

7 RÈGLES IMPOSSIBLES À SUIVRE AVEC SON EX

- Ne jamais recoucher avec son ex.
- Garder de bonnes relations avec son ex.
- Ne pas se venger de son ex.
- Ne pas souhaiter la mort de son ex.
- Ne pas essayer de reconquérir son ex.
- Ne pas rendre jaloux son ex.
- Pardonner à son ex ~~au bout de 2 3 4 5 10 20 30 ans~~ après sa mort ?

Mais nous y reviendrons...

L'amour était aveugle

Lorsque l'amour s'éteint et que l'on croise son ex dans la rue ou au détour d'une photo dans un vieil album, on se demande souvent :

EST-CE QUE MON EX AVAIT DÉJÀ...

un œil plus petit que l'autre ;

les dents jaunes ;

l'air con ;

les cheveux filasses ;

un début de calvitie ;

un rire débile ;

un gros nez ;

des boutons dans le dos ;

des slips sales ;

des poils dans les oreilles ;

Régis comme prénom...

QUAND ON SORTAIT ENSEMBLE ?

COMMENT FAIRE CROIRE À SON EX QU'ON EST TRÈS HEUREUSE SANS LUI ?

Poster tous les jours et par tous les temps des photos de vous sur Facebook pour lui cracher votre bonheur à la figure (surtout si c'est faux) !

IDÉES DE PHOTOS

- En train de danser nue devant chez lui dans la rue en riant à gorge déployée la tête rejetée en arrière.

- En boîte de nuit avec du gloss rose, un top fluo, des amies trop belles, des mecs hypermusclés et un DJ connu en riant à gorge déployée en rejetant la tête en arrière.

- Dans un resto avec plein de copains devant une grosse choucroute, un cassoulet ou une fondue (le tofu ne fait pas du tout le même effet), en riant à gorge déployée en rejetant bien la tête en arrière.

- À bord d'une voiture décapotable rouge, neuve et chère (même en location à la demi-heure), avec des lunettes de soleil en riant (toujours) à gorge déployée en rejetant la tête en arrière. Jeter quand même un coup d'œil à la route de temps en temps.

ET SURTOUT

Ne jamais twitter un samedi soir si vous êtes seule chez vous devant une pauvre émission de télé, même en riant à gorge déployée en rejetant la tête en arrière.

AVEC QUI PARTENT VOS EX ?

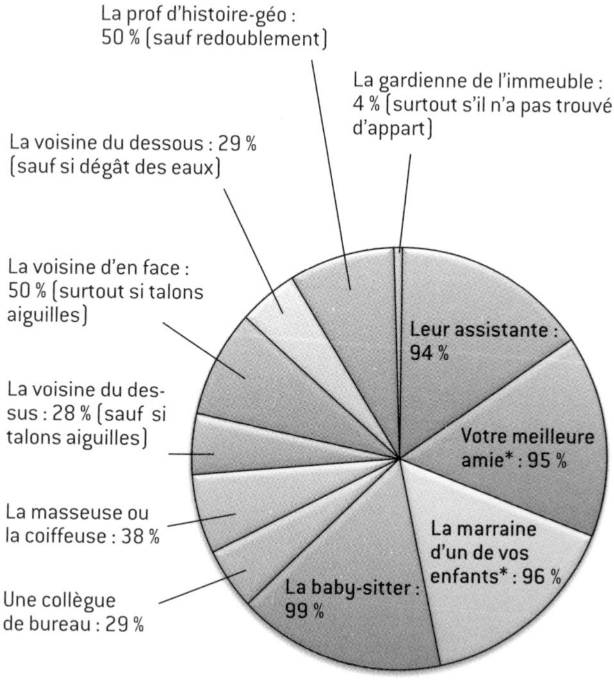

~~Céline Dion~~ : les CD de Céline Dion pour les détruire

---

* Parfois, c'est la même.

Source : SEX (Statistiques sur les EX).

MON EX A DES GOÛTS DE CHIOTTES

Depuis qu'il m'a quittée.

~~Pour le meilleur et~~ pour le pire

CERTAINES CALAMITÉS SURVIVENT À VOS EX.

Votre (ex-)belle-mère
qui vient voir ses petits-enfants tous les mercredis.

Les photos encadrées de votre ex
que vos enfants vous ont interdit d'enlever.

Absolument toutes ses dettes
(merci la communauté réduite aux acquêts !).

La peinture laquée noire du salon.

Le séjour non remboursable
« La Cappadoce en amoureux »
(7 jours/6 nuits en suite nuptiale) du 16 au 22 juin.

Le caveau funéraire acheté en commun
après avoir pleuré ensemble devant le film *Love Story*.

Nous sommes toutes tentées de recoucher avec notre ex

NE LE FAITES JAMAIS, SAUF...

• Pour vérifier que c'est toujours un très mauvais coup.

• Si vous avez encore besoin de son ADN (test de paternité, expertise criminelle...).

• Pour emmerder votre ex-belle-mère.

• Pour réévaluer le montant de la prestation compensatoire.

• Si vous êtes en manque et que c'est un super-coup.

• S'il a toujours son beau petit cul.

• Si vous aviez oublié de faire une *sextape* souvenir.

• Si vous avez envoyé un sexto à la mauvaise adresse (la sienne).

• Parce qu'il est trop mignon quand il rentre tout bronzé de vacances.

• Pour récupérer vos boucles d'oreilles en or cachées derrière le lavabo de sa salle de bains.

• Si vous êtes certaine que personne ne le saura jamais.

EX
Y & Z

Nous avons toutes des ex.

Il paraît que certaines d'entre nous (peu élégantes) les notent, les classent et les numérotent. D'autres les affublent de surnoms (« le connard », « le lapin »...) mais la plupart les oublient.

Ne serait-il pas plus simple de leur attribuer des lettres de l'alphabet : de A à Z ?

PS : pour les « *sex addicts* » et les cœurs d'artichauts qui dépassent les vingt-six « ex », revenez aux sobriquets. Parfait pour exercer votre mémoire et vous rappeler lequel vous a refilé une MST.

Ce que votre ex aimait avant et qu'il déteste aujourd'hui

AVANT

Il aimait vos formes.
Il aimait votre folie.
Il aimait votre sensibilité.
Il aimait vos fringues cool.
Il aimait tout (même vos pieds).
Il s'attendrissait sur votre nullité en cuisine.
Il vous admirait dans votre travail.
Il riait de toutes vos blagues même les plus pourries (et il y en a eu).
Il vous offrait des fleurs rouges et blanches sans épines.
Il voulait vous faire des enfants (plein).

MAINTENANT IL VOUS TROUVE MOCHE, CHIANTE ET CONNE.

Mais que s'est-il passé : avez-vous tant changé ? Êtes-vous devenue Cruella ?

Non, il ne vous aime plus, c'est tout. Il en a rencontré une autre qui lui fait le même effet que vous **AVANT** (voir liste ci-dessus).

La pire phrase de votre ex
N° 1

« Comment ai-je pu rester
aussi longtemps avec
une conne pareille ! »

(Le temps d'en trouver une autre ?)

MAXIMUS NAZUS UNIVERSALIS

L'ex est un mammifère très répandu sur la planète. C'est une espèce non protégée bien que son commerce soit interdit. Mieux vaut se tenir à l'écart et ne pas conserver de relation prolongée. Dans certains cas, il est considéré comme dangereux.

☞ **Caractéristiques** : méconnaissable après la rupture (et parfois avant la rupture aussi).

☞ **Langage** : de silencieux à ordurier (à l'oral comme à l'écrit).

☞ **Comportement** : de désolant à étonnant en passant par hallucinant et rarement désopilant.

☞ **Attitude à adopter en sa présence** : pacifique avec migration de territoire et délégation de la relation à des professionnels (~~vétérinaire, tueur à gages~~, avocat, médiateur).

☞ **Évolution** : le *maximus nazus universalis* reste toujours un *maximus nazus* mais peut prendre les apparences trompeuses de *minimus nazus*.

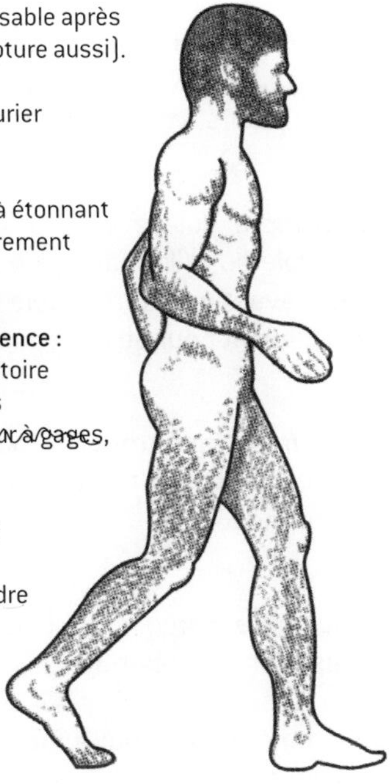

10 CHOSES QUE VOUS NE REGRETTEREZ PAS CHEZ VOTRE EX

1. *Sa mère* qui vous conseillait de lui faire un enfant dans le dos pour être grand-mère plus vite (!) en ajoutant sournoisement : « Ben oui, un oubli de pilule, ça arrive ! » (Qu'est-ce qu'elle en sait ? La pilule n'existait pas au Moyen Âge.)

2. *Sa mère* qui vous a offert un test d'ovulation en cachette pour Noël (comme si vous n'étiez pas assez grande pour savoir comment faire).

3. *Sa mère* qui ne vous a jamais aimée car vous lui avez volé son fils mais qui vous rabâchait à quel point celle d'avant était formidable (vivement que vous soyez celle d'avant pour qu'elle vous adore).

4. *Sa mère* qui trouvait toujours à redire sur votre gâteau au chocolat (c'est vrai, vous n'êtes pas la fée des fourneaux).

5. *Sa mère* parce qu'aux yeux de votre ex et à son palais, votre gâteau au chocolat n'était jamais « tout à fait aussi bon, même s'il est bon quand même mais quand même pas tout à fait » (bref, on a compris) que celui de sa mère.

6. ***Sa mère*** qui insistait toujours pour que vous repreniez trois fois de son gâteau au chocolat (ben oui, vaut mieux faire envie que pitié, mais qui doit faire une liposuccion après chaque repas ?).

7. ***Sa mère*** qui trouvait toujours à redire sur l'appartement « de son fils » (c'est vrai que vous n'êtes pas la fée du logis non plus).

8. ***Sa mère*** qui savait toujours tout sur tout : acheter un appartement, à quel prix et à quel taux/guérir une maladie que les plus grands chercheurs ne savent pas encore soigner/résorber l'endettement de la France/faire baisser le chômage/reboucher la couche d'ozone (avec du gâteau au chocolat ?). Bref, qu'aurait fait ~~le monde~~ votre ex sans elle ?

9. ***Sa mère*** parce qu'à chaque anniversaire elle vous offrait des pulls hideux que vous étiez obligée de porter tous les dimanches pendant les déjeuners de famille (même en été).

10. ***Sa mère*** parce que sans elle, il ne vous aurait jamais quittée ! (Enfin si, peut-être, mais dans très longtemps.)

SAINT-VALENTIN : LA FÊTE DES EX ~~AMOUREUX~~

Les filles adorent la SAINT-VALENTIN !
Les mecs s'en foutent complètement !
Profitez de ce jour magique pour savoir s'il sera bien l'ex de votre vie.

TROIS ÉTUDES DE CAS

☞ **Premier cas (de rupture)**

Vous recevez un bouquet accompagné d'un petit mot : « Pour SOPHIE » sauf que votre prénom est MAGALIE.
Il a donc envoyé DEUX BOUQUETS et ce bouquet est destiné à une autre. Il l'a (peut-être) fait exprès (gros naze et gros lâche en plus). Ou alors le fleuriste (ce gros c...) s'est trompé, ou il l'a fait exprès aussi. Mais pourquoi le fleuriste l'aurait-il fait exprès ? Soit il vient de se faire plaquer et il se venge sur vous, soit il déteste votre mec et il se venge de lui, soit il est amoureux de vous : la seule bonne nouvelle de cette journée pourrie.

☞ **Deuxième cas (de rupture)**

Vous tombez par hasard, mais vraiment par hasard, sur un SMS de l'ex de votre mec : « Bonne Saint-Valentin, ta Valentine », et la réponse de votre mec est : « Toi aussi ma chérie, à tout à l'heure... ». Bon, on ne va pas se mentir... c'est MORT, même s'il connaît vraiment une Valentine dont c'est la fête et qu'il s'appelle vraiment Valentin !

☞ **Troisième cas (de rupture)**

Il ne peut ABSOLUMENT PAS dîner avec vous ce soir-là, « Non vraiment ma chérie, tu ne te rends pas compte mais je suis overbooké » et patati et patata n'importe quoi, car il a :

- une réunion de groupe à Disneyland (?) ;
- un dîner avec son patron qui est une patronne ;
- la diarrhée : en fait, vous le faites chier ! *

REVOYEZ-LE À LA SAINT-GLINGLIN.

* Relire Sigmund Freud pour comprendre.

La pire phrase de votre ex
N° 2

« Tu finiras seule, moche
et conne comme ta mère ! »

(Ma mère n'est pas seule.)

Mon ex se remarie

Comment rester digne ?

• Pour fêter ça, vous ouvrez la caisse de champagne offerte par votre comité d'entreprise et vous trinquez (c'est le mot) en écoutant QUE JE T'AIME, QUE JE T'AIME, QUE JE T'AIME, QUE JE T'AIME en boucle et en pleurant QU'IL NE VOUS AIME PLUS, QU'IL NE VOUS AIME PLUS, QU'IL NE VOUS AIME PLUS en boucle aussi (bien que ce ne soit pas encore une chanson de Johnny).

• Vous appelez anonymement sa nouvelle femme en vous faisant passer pour sa nouvelle maîtresse. N'oubliez pas de masquer votre numéro.

• Vous envoyez une copie de ses vieilles lettres enflammées à sa future épouse.

• Vous l'appelez pour le féliciter mais vous ne pouvez pas vous empêcher de l'insulter avant de raccrocher (c'est normal, vous êtes complètement bourrée à cause du champagne).

• Vous taguez les bans publiés dans le hall de la mairie d'un « GROS NAZE » et autres insultes qui pourraient vous faire du bien (attention aux caméras de surveillance dans certaines communes ultra-sécuritaires).

AVONS-NOUS BIEN RÉPONDU À LA QUESTION ?

Bataille de playlists

Selon votre humeur, choisissez la chanson située à gauche ou à droite de la liste :

Ne me quitte pas	*Comment te dire adieu ?*
Dis-lui	*Je suis venu te dire que je m'en vais*
Still Loving You	*I Feel Good*
Je t'aimais, je t'aime et je t'aimerai	*Il en faut peu pour être heureux*
Comme d'habitude	*Si j'avais un marteau*
Avec le temps	*Y a d'la joie*
Lady d'Arbanville	*Ah ! Le petit vin blanc*
Parlez-moi de lui	*The Sound of Silence*
Puisque tu pars	*Happy*
Aline	*Hymne à la joie*

Attention :
la première qui pleure a perdu !

Trahi par $2\,m^2$

Courriel d'Ève, **25 ans, Lamotte-Beuvron** (en couple mais plus avec le même que dans la lettre et c'est tant mieux) :

De : eve.[redacted]@laposte.net
Date : jeudi 13 novembre 2014 11:23
À : storckahnmonex@[redacted]
Objet : Mon ex est un gros naze

Chers auteurs de *Mon ex est un gros naze,*

J'espère que ma lettre sera sélectionnée pour paraître dans votre livre. Je sais qu'elle va vous sembler « folle » et pourtant cela m'est vraiment arrivé : une (ex-)copine m'avoue qu'elle couche avec mon mec.

J'ai du mal à la croire et je lui demande des preuves : elle me décrit notre appartement avec moult détails y compris le bidet de la salle de bains et le LIT de deux mètres sur deux (ça ne s'invente pas). Je demande donc à mon mec des explications et il me répond, l'air très à l'aise : « Ah oui, elle cherche à louer dans le quartier alors je lui ai fait visiter notre appartement pour qu'elle se fasse une idée du prix au mètre carré... »

Bien à vous,

Ève

Notre réponse : désolés mais nous voyons peu de perspectives à votre couple. En revanche, nous prédisons à ce garçon un bel avenir dans l'immobilier.

NOS ENFANTS, MON EX ET MOI

Vous avez eu des enfants avec votre ex : vous devez donc cacher à vos enfants que vous pensez que *c'est un gros naze*. Pire : vous devez leur en dire du bien, il paraît que c'est bon pour eux.

Entraînez-vous dès aujourd'hui à leur dire des choses gentilles.

THÈMES LES PLUS SOUVENT ABORDÉS*

• Il vous a quittée pour son assistante ou plutôt vous l'avez quitté parce qu'il couchait avec toutes ses assistantes.

Ne dites pas : « Papa à toujours eu une b... à la place du cerveau et ce n'était pas la première fois qu'il se tapait une pouffe ! »

Dites plutôt : « Papa et Maman s'aiment encore mais préfèrent vivre séparément dans deux maisons différentes ~~parce que Papa se tape tout ce qui bouge !~~ »

* http://jaidivorceetcestpasevidentdenepasdireamesenfantsque-leurpereestungrosnaze.org
blog : quandjepensequonaeudeuxenfantsensemblejemedemanden-corecommentj'aibienpufaire.com

• **Il ne paye pas la pension alimentaire pour les enfants.**

Ne dites pas : « Votre abruti de père a encore oublié mon chèque ce mois-ci donc ni judo, ni cantine, ni piscine, et vous pouvez dire merci à votre radin de père, mes chéris ! »

Dites plutôt : « La poste doit être en grève. La lettre s'est perdue… Le timbre était mal collé ! La boîte aux lettres était bouchée ~~comme votre père~~ ? La banque de Papa a encore fait faillite ? » Faites au mieux… soyez créative ! Et dès qu'ils ont le dos tourné, appelez votre avocat.

• **Il leur a présenté sa nouvelle copine.**

Ne dites pas : « Ah bon, Papa b… une nouvelle pétasse ? »

Dites plutôt : « Comment trouvez-vous la nouvelle personne qui dort avec Papa ? Est-ce qu'elle a une jolie bague à l'annulaire gauche ? Je suis contente que tu aimes bien Machine Truc mais ne t'attache pas trop, ~~elle ne va pas rester longtemps, elle est juste là pour consoler Papa et écoute-moi bien elle n'a pas intérêt à se prendre pour ta mère sinon…~~ »

• **Il a oublié de venir les chercher ou il est très en retard.**

Ne dites pas : « La prochaine fois, ce ne sera pas une garde alternée, ce sera la garde à vue. »

Dites plutôt : « Est-ce que Papa a perdu la jolie montre que Maman lui avait offerte pour leurs dix ans de mariage ? »

• Il leur a fait un sublime cadeau de Noël que vous n'avez pas les moyens de leur offrir.

Ne dites pas : « S'il payait la pension, il ne pourrait pas t'acheter ça. Qu'est-ce qu'il croit, que si t'as pas de Rolex à 12 ans, t'as raté ta vie ? Et pour tes 14 ans, il va t'acheter une Porsche ? Il ferait mieux de t'appeler plus souvent, l'argent n'achète pas tout. »

Dites plutôt : « Ne dis rien à Papa mais en revendant ce truc sur eBay tu pourrais t'acheter ça, ça et ça, c'est génial non ? Ça m'éviterait de te les offrir vu qu'il n'a pas payé la pension et que je suis juste ce mois-ci... »

• Il a oublié de fêter l'anniversaire de votre enfant.

Ne dites pas : « Déjà qu'il n'est pas venu à la maternité le jour de ta naissance... »

Dites plutôt : « Papa est en voyage d'affaires ~~à Tours, Bourges, Brignoles~~, au Kamtchatka et il n'y a pas de réseau mais il va te rapporter un très beau cadeau. » (Une boîte de crabe royal : 60 % pattes, 40 % miettes.)

LA PIRE PHRASE DE VOTRE EX

N° 3

« Quand je pense que j'ai hésité entre ta sœur et toi ! »

(Moi, j'ai toujours préféré tes frères.)

Post-it pour bien se souvenir de ne jamais rappeler son ex

À coller sur :

☞ votre frigo ;
☞ la photo de votre meilleure amie (celle qui vous l'a piqué) ;
☞ votre portable (pas pratique pour passer des appels donc faites une photo du mémo et mettez-le en fond d'écran) ;
☞ votre oreiller (risque qu'il soit collé sur votre joue le matin au réveil mais efficace avant de s'endormir) ;
☞ votre télé ;
☞ ~~la Bible, le Coran, la Thora ;~~
☞ sur votre mère (d'où l'expression très connue : « sur la vie de ma mère j'te colle un post-it ») ;
☞ sur la porte de vos toilettes et bien visible quand vous êtes assise sur le trône (on vous laisse deviner ce que cela signifie...), c'est pas classe mais ça soulage !

L'ASSOCIÉE N'AVAIT PAS SA LANGUE DANS SA POCHE (NI LE RESTE)

Courriel de **Martine, 45 ans**, Avignon, trois enfants avec un con.

De : martine.[redacted]@hotmail.fr
Date : lundi 8 décembre 2014 09:35
À : storckahnmonex@[redacted]
Objet : Mon ex est un gros naze

En rentrant du cinéma, je monte au cabinet d'avocats où mon mari et moi travaillons et je le trouve avec le pantalon sur les chevilles en train de « rendre hommage » à notre associée. Stupeur ! « Je vous dérange, peut-être ? » Difficile d'articuler autre chose mais sa réponse est : « Oui, tu nous déranges ! »
Je rentre chez nous KO debout. Notre associée me téléphone et me dit : « Oh, tu ne vas pas en faire toute une histoire, et puis ton mari, tu comptais pas le garder dans du coton ! »

Notre réponse : pour une fois votre ex vous a dit la vérité : en effet vous les avez dérangés et vous exagérez ! Heureusement, pas de *coïtus interruptus* !
Quant à la personne dans laquelle était votre mari, elle collectionne peut-être les hommes empaillés ou quelque chose comme ça ? Il devrait se méfier, cette histoire de coton est étrange, non ? Enfin, tant qu'elle ne dit pas « formol »...

JALOUSE DE SON EX

Même si l'on est à l'origine de la rupture, on reste toujours jalouse de son ex.

S'il vous remplace par une « bombe », vous attendez qu'elle le largue : elle se rendra bien compte qu'il est naze ! Sauf si avec elle, il est top : il ne manquerait plus qu'elle l'épouse… mais pourquoi ? C'est trop injuste !

S'il vous remplace par un « thon », vous serez humiliée d'être restée aussi longtemps (huit mois tout de même) avec quelqu'un qui avait des goûts de chiottes.

L'idéal serait qu'il reste cinq ou six ans célibataire puis qu'il vous supplie de revenir avec lui.

Ou mieux : qu'il rentre dans les ordres :

« Au fait, qu'est devenu Simon ?
– Oh rien, il n'a pas supporté notre rupture : il est moine trappiste. Il fait de la bière en Autriche. Elle est super bonne, je te la ferai goûter si tu veux. »

ÇA, C'EST LA CLASSE !

Traducteur d'ex

IL DIT	IL VEUT DIRE	VOUS VOUS DITES
On va faire un break.	J'en ai une autre sous le coude.	Avec lui, c'est mort.
Mes parents vivent loin, à l'étranger.	Je ne veux pas te les présenter.	Avec lui, c'est mort.
Ma gardienne est tellement formidable.	Je ne veux pas vivre chez toi.	Avec lui, c'est mort.
On part en vacances entre potes.	On va se taper des meufs.	Avec lui, c'est mort.
Je pars six mois en stage à Shanghai.	Une femme dans chaque port.	Avec lui, c'est mort.
Je ne veux pas d'enfants.	Je n'en veux pas avec toi.	Avec lui, c'est mort.

CONCLUSION :

MIEUX VAUT ÊTRE TRILINGUE POUR S'EN SORTIR (OU MÉDECIN LÉGISTE).

L'EX FATAL

ATTENTION, CERTAINES RUPTURES PARTICULIÈREMENT DOULOUREUSES POURRAIENT VOUS CONDUIRE À...

- Rester seule pour le restant de vos jours (voire devenir nonne).

- Écrire vos mémoires alors que vous êtes encore très jeune.

- Chanter *Ne me quitte pas* alors que vous chantez très faux.

- Écrire *Ne me quitte pas* sans savoir que Jacques Brel l'a déjà écrite.

- Faire le tour du monde en solitaire sans fermer votre porte à clé.

- Vous ruiner alors que vous n'êtes déjà pas très riche.

- Quintupler votre consommation hebdomadaire de Nutella.

- Mettre en rupture de stock l'usine Kleenex de Sotteville.

- Apprendre à monter seule un meuble Ikea.

- Tricoter des écharpes grises ou vertes, moches et longues.

NE LE FAITES PAS-NE LE FAITES PAS
NE LE FAITES PAS-NE LE FAITES PAS
NE LE FAITES PAS-NE LE FAITES PAS
NE LE FAITES PAS-NE LE FAITES PAS

Vous le regretteriez !

Ciel, mon ex couchait encore avec sa femme !

Après huit ans d'amour avec un homme marié qui ne touche plus jamais sa femme « depuis sept ans et demi, si, je te le jure ma chérie ! », vous découvrez par hasard qu'il baptise (oui, il est catholique, mais il se confesse) son troisième enfant. Pourtant, vous le croyiez quand il vous jurait qu'il était séparé de sa femme de corps (et surtout de cul) !

D'après vous, que s'est-il passé ?

a) Une intervention inopinée du Saint-Esprit (ça s'est déjà vu).

b) Une grossesse de quatre-vingt-dix mois (ça ne s'est jamais vu).

c) Un de ses spermatozoïdes a quitté votre domicile, parcouru plusieurs kilomètres à vélo, sauté la barrière extérieure de sa maison, ouvert la porte blindée avec son petit flagelle, escaladé le matelas triple épaisseur et pénétré à l'intérieur de sa femme qui dormait comme un ange pour finalement l'engrosser (ça ne se verra jamais : tant mieux).

Moralité : méfiez-vous des femmes légitimes qui couchent encore avec ~~leur mari~~ votre ex.

Que répondre à un ex qui…

Sonne à votre interphone :
☞ j'ai déjà donné !

Vous envoie un courriel :
☞ configurez votre messagerie avec la réponse automatique suivante : « Absente de la maison à jamais, je ne lis plus les messages envoyés avec cette adresse. »

Vous téléphone :
☞ répondez dans une langue qu'il ne comprend pas (croate, chinois de la région de Canton) pour lui faire croire que la ligne n'est plus attribuée en France.

Vous parle dans la rue :
☞ exprimez-vous en langage des signes, ou (plus simple) éclatez en sanglots, ou (plus radical) hurlez : « Au voleur ! » Nous faisons confiance à votre imagination.

Vous envoie un SMS :
☞ répondez par un doigt d'honneur en émoticône (ça ne mange pas de pain et ça fait du bien).

Vous insulte :
☞ répondez calmement cette phrase de William Blake : « Les tigres de la colère sont plus sages que les chevaux du savoir. » Après cela il devrait vous foutre la paix ! (D'ailleurs, si vous la comprenez, merci de nous l'expliquer.)

Les dures lois de l'ex

Tu n'épouseras plus ton ex.

Tu n'insulteras pas la nouvelle partenaire de ton ex.

Tu ne regretteras pas ton ex plus de ~~dix~~ cent jours.

Tu n'iras pas au mariage de ton ex
(même pour critiquer la robe de la mariée).

Tu ne consoleras pas ton ex.

Tu finiras par oublier ton ex.

Tu remplaceras vite ton ex.

**PARCE QUE TON EX
EST UN GROS NAZE !**

La pire phrase de votre ex
N° 4

« Tu devrais faire un peu de chirurgie esthétique sur le cul. »

(Je divorce et je garde mon cul : ça me coûtera moins cher et ça me fera moins mal !)

Enquête EXclusive spéciale adultère

Pourquoi votre ex est-il devenu votre ex ?

• Parce que vous êtes brune et qu'un long cheveu blond traînait sur son écharpe bleue.

• Parce qu'il a participé à un séminaire de deux nuits à Fontainebleau mais que son chef n'était pas au courant quand vous lui en avez parlé au téléphone.

• Parce que « N° 5 » de Chanel, « First » de Van Cleef ou « Triple Zéro » de chez Gros Naze ne sont pas votre parfum.

• Parce que votre meilleure amie a reconnu son profil sur un site de célibataires exigeants.

• Parce qu'il avait des préservatifs à la fraise dans son portefeuille alors que vous êtes allergique aux fruits rouges.

• Parce qu'une MST s'est invitée chez vous et que votre dermato sadique dit toujours la vérité à ses patientes !

• Parce que vous êtes tombée amoureuse du détective privé que vous aviez engagé pour espionner votre ex (qui lui était d'une fidélité exemplaire !).

VOTRE EX A URINÉ SUR VOTRE PAILLASSON

Il marque son territoire
ce gros ~~chien~~ cochon ou quoi ?

Au moins, pas besoin de baisser
la lunette des toilettes !

VOTRE EX A MIS DE LA COLLE DANS VOTRE SERRURE ET VOUS N'AVEZ PAS PU RENTRER CHEZ VOUS

Et pourtant, en quatre ans de vie commune,
il n'a jamais été foutu de changer
une ampoule !

Dico d'ex

Ex æquo : vos ex sont tous aussi cons les uns que les autres.

Ex nihilo : vos ex sont tous aussi nuls les uns que les autres.

Ex-voto : prière pour faire revenir un ex.

Exaction : acte violent dirigé contre un ex comme lacérer sa garde-robe, détruire sa voiture (souvent répréhensible pénalement).

Exagérer : tromper sa nouvelle conquête avec son ex.

Examiner : observer tous les défauts physiques de son ex grâce à de vilaines photos.

Exaspérer : horripiler son ex.

Excalibur : un ex bien membré.

Excaver : enfermer son ex à la cave.

Excédent : avoir trop d'ex.

Exception : refaire l'amour avec son ex juste une fois.

Exhumer : se disputer avec son ex à propos du passé.

Exigeant : ex gros chieur.

Exiler : envoyer son ex sur une île.

Existentialisme : se prendre la tête à la terrasse d'un bar en parlant de son ex, en fumant des Gauloises sans filtre et en buvant un café serré.

Exocet : courrier dicté par votre avocat envoyé en A/R.

Exorbitant : somme quelconque due à son ex.

Exorciser : sortir un ex de vos pensées.

Expédition : aller très loin pour fuir son ex.

Experts (les) : meilleurs coups parmi ses ex.

Expirer : craindre le pire en revoyant son ex.

Expulser : virer un ex de chez soi.

Exsangue : état physique dans lequel on se trouve après plusieurs ruptures.

Exulter : sensation d'immense euphorie après avoir piraté la boîte mail de son ex.

Enquête nationale

Combien d'ex avez-vous ?

• ZÉRO

C'est bien, mais ça peut encore vous arriver, surtout si vous êtes en couple au moment où vous remplissez ce questionnaire. Où est-il ? Que fait-il ? Est-il à côté de vous ? Est-il dans la chambre en train de surfer sur un site d'*escort girls* (si, si, ça arrive aux meilleures) ? Est-il en réunion de travail alors qu'il est 23 heures un dimanche de Pâques ?

OK, on vous fait peur, mais soyez vigilante tout de même !

• UN SEUL

C'était sûrement votre premier amour, vous savez, le salaud qui vous aimait (soi-disant) et qui vous a quittée juste après avoir pris avec votre accord (mais pas celui de vos parents) votre virginité. Et pourtant, ce gros naze, c'était pour la vie qu'il disait. Tu parles, Charles ! Quel que soit son foutu prénom (n'est-ce pas Marc-Henri ?), il s'est barré vite fait après vous avoir eue ! Atroce ! Et trente ans après, même cinquante ans après, vous ne l'avez toujours pas oublié… La preuve !

• **De DEUX à HUIT**

C'est la moyenne pour les femmes des années quatre-vingt. Les autres seraient plutôt à classer parmi les professionnelles (selon le Vatican). Vous n'en gardez que des bons souvenirs ? Ah bon ? Réfléchissez bien... Sur le lot, il y a sûrement un ou deux gros nazes. La mémoire est sélective et ne garde que le meilleur, et c'est tant mieux !

• **De NEUF à QUATORZE**

Joli score surtout s'il y a des ex-maris parmi ces ex.

• **QUINZE et plus**

Ah mais vous cherchez les emmerdes ou c'est vous l'emmerdeuse ? On plaisante ! Quoique...

JAMAIS SANS SA MÈRE !

Courriel de **Sandra, 28 ans**, Paris XIIe :

De : sandra.[redacted]@gmail.com
Date : mercredi 21 janvier 2015 11:23
À : storckahnmonex@[redacted]
Objet : Mon ex est un gros naze

Cela faisait pile un an que nous étions ensemble.
J'avais préparé un petit dîner aux chandelles pour fêter notre anniversaire de rencontre.
Patrick se sentait légèrement nauséeux depuis le matin, mais rien de grave.
Pourtant, le soir, il me plante pour aller chez sa mère qui l'attendait avec « une bonne soupe et une petite compote ».

Il y est resté trois jours.
Sa mère m'a même appelée pour me dire que je rendais son fils malade !

Autant vous dire que quand il est rentré, j'avais décampé.

Notre réponse : si Patrick a plus de 18 ans, vous avez bien fait !

ENQUÊTE LOCALE

COMBIEN DE FOIS ÊTES-VOUS DÉJÀ RETOURNÉE AVEC VOTRE EX ?

UNE fois
Ça arrive à tout le monde, vous êtes excusée.

De DEUX à CINQ fois
Attention, vous êtes sur une mauvaise voie ! (Rien à voir avec votre sens de l'orientation mais plutôt avec votre bon sens, on se comprend...)

De SIX à DIX fois
Vous étiez sous l'emprise de l'alcool, d'une drogue puissante ou pire, de votre ex. Consultez un marabout qui vous proposera sans doute de couper un poil du pubis de votre ex puis de le jeter dans un liquide brunâtre. Ensuite, il vous demandera de l'enterrer profondément sous un arbre à pain. Franchement, faites-le, car nous sommes très inquiets pour vous. (Malheureusement il va falloir revoir votre ex une onzième fois pour récupérer le poil.)

Plus de DIX fois
Soit vous êtes complètement masochiste, soit vous vivez dans un hameau de deux personnes, soit vous êtes vraiment faits l'un pour l'autre (même si c'est un gros naze).

Plus de DEUX MILLE fois
Il s'agit de votre mari donc cette enquête ne vous concerne pas.

UN EX SE CACHE SUR CETTE PHOTO

SAUREZ-VOUS LE RECONNAÎTRE ?

Faut-il revoir son ex ?

Oui *si vous avez un OBJECTIF PRÉCIS*, sinon voyez d'autres gens que vous ne connaissez pas encore et qui ne sont pas des gros nazes.

VOICI QUELQUES OBJECTIFS PRÉCIS

• Lui faire ***HORRIBLEMENT*** regretter votre séparation : prévoyez un vrai budget avec séances d'UV, épilation, French manucure, body-building, détartrage complet, robe moulante, décolleté plongeant, couleur trois jours avant et brushing le matin même. Bref, soyez vous-même : naturelle et décontractée.

• Lui prouver que vous n'êtes pas le « corbeau » qui lui a déjà envoyé ~~vingt-huit~~ vingt-neuf lettres d'insultes anonymes (la prochaine fois, pensez à écrire de la main gauche).

• Voir s'il a perdu tous ses cheveux comme l'avait prédit votre voyante.

• Vérifier que vous vous engueulez toujours aussi vite sur tout et n'importe quoi.

• Vérifier qu'il ne vous a toujours pas pardonnée d'avoir

....

....

....

(à remplir vous-même).

Votre ex balance des photos de cul (de vous) sur la toile

Que faire à part pleurer ?

1. Si vos parents sont encore en vie et que vous tenez à eux, déboulez à leur domicile et confisquez tous leurs appareils électroniques en prétextant une guerre nucléaire, une influence des ondes sur leur longévité, sur la couche d'ozone, sur les légumes moches, sur les dauphins assassins, sur Brigitte Bardot (?), enfin sur un truc crédible pour qu'ils ne se doutent de rien.

2. Si vous avez un nouveau petit ami et que vous lui aviez caché l'existence de ces photos (quoi ? Ah oui, vous aviez même oublié les avoir faites... C'est trop tard, les auteurs s'en foutent, il faut faire vite), avouez-lui une sœur jumelle incontrôlable, exhibitionniste et incroyablement ressemblante jusque dans les moindres détails anatomiques qui veut absolument vous faire honte... Oui, c'est énorme, mais ça passera et puis... avez-vous d'autres choix ?

3. Si vous avez des enfants et que vous cherchiez une idée de punition, ça tombe bien. Voici un bon prétexte pour confisquer tous leurs écrans et les priver de sortie pendant les dix prochaines années. Si vous ne trouvez aucune raison de les punir, punissez-les quand même car « mieux vaut prévenir que guérir ». C'est dégueulasse, mais moins que les photos de leur maman à poil en train de...

4. Menacez votre ex de **TOUT** balancer aussi :
• de diffuser les photos de son sexe minuscule au repos et de son épilation intégrale donc ridicule (photos que malheureusement vous n'avez jamais prises) ;
• de faire connaître sa forte addiction à « Amour, gloire et beauté » en DVD ;
• de clouer quelque chose de vivant* sur sa porte.

Sinon, remplissez le formulaire de droit à l'oubli sur Google et attendez (très, très longtemps).

---

* Préférez une huître pour éviter les problèmes avec les associations de défense des animaux.

Pour celles qui sont équipées en Mac et peu douées en informatique, nous leur rappelons que toutes leurs photos passent par le *cloud* (« nuage » en français) et se retrouvent dans tous les appareils de la maison et parfois de l'univers... autant dire UN BEAU CUMULO-LINGUS DE MERDE.

DONC POUR LA DERNIÈRE FOIS :

- DES PHOTOS DE VOUS : OUI ;

- DES PHOTOS DE VOUS À POIL : NON* !

---

* Ou alors sans visage ni tatouage ni aucun signe distinctif, comme dans *L'Origine du monde* de Courbet.

UN EX SE CACHE SUR CETTE PHOTO

SAUREZ-VOUS LE RECONNAÎTRE ?

Votre ex veut vous joindre d'urgence

(Qu'est-ce qu'il vous veut ce connard ?)

- Récupérer le grand lit.

- Savoir si vous avez toujours des prix sur le bordeaux primeur.

- Vous demander de garder les enfants deux nuits supplémentaires à la Toussaint parce que sa nouvelle petite amie (90, 58, 89) défile à Londres pour Dior.

- Récupérer ses DVD de Jackie Chan.

- Emprunter le chalet de vos parents pour skier à Noël.

- Retrouver le nom du délicieux restaurant indien où vous dîniez ensemble à Londres.

- Connaître l'année exacte de votre date de mariage pour remplir sa feuille d'impôts.

- Récupérer les arrhes versées pour le voyage en Cappadoce.

VOUS VOYEZ :

VOTRE EX AUSSI VEUT VOUS REVOIR POUR DES RAISONS PRÉCISES.

Votre ex est un gros naze et aussi un gros goujat

en 9 leçons et témoignages

1. Après six semaines d'absence et de silence, mon ex revient. Heureuse, je pense qu'il a enfin quitté sa femme !

Non, ce sont juste les vacances scolaires : zone B.

2. J'apporte une bouteille de bourgogne chez mon ex en espérant une tendre réconciliation. Manque de chance, la bouteille est bouchonnée. Mon ex me dit : « Ah ben tant pis, moi, je n'ai que des bonnes bouteilles et je ne veux pas en gâcher une pour nous. »

La prochaine fois, j'apporterai le fromage avec le dessert et deux tickets resto.

3. Je fouille le portable de mon mec [sans code secret] et je lis le SMS qu'il vient d'envoyer : « Coucou coquine, enlève ta culotte j'arrive ! »

Dire que j'enlève la mienne sans qu'il me le demande !

4. Mon ex m'écrit : « On n'a couché ensemble que cinq fois, ce n'est pas ce que j'appelle une relation d'autant qu'on n'est jamais allés au ciné ni partis en week-end tous les deux. »

*Mais oui, suis-je bête, pas de ciné
ça change tout, ça sert à ça la carte illimitée !*

5. Après six mois de relation, il m'invite chez ses parents à la campagne.
Je me dis : « C'est bon signe, il me présente à sa famille. » Après l'apéro, il me propose d'aller voir le coucher de soleil sur la terrasse. Alors que l'astre rouge se noie dans l'horizon, il me dit : « Ce qui est génial avec toi, c'est qu'on baise et que tu ne me demandes rien de plus… » Il ajoute : « On est bien, quoi ! »

*Si, finalement, je vais peut-être
te demander une corde pour me pendre.*

6. Pour se venger, mon ex a mis une immense photo de moi seins nus sur la façade de la boutique où je travaille. Comme je suis pudique, j'étais effondrée, mais finalement je le remercie car grâce à lui j'ai trouvé mon nouveau mec.

Oui, j'ai de très beaux seins.

7. Mon ex avec qui j'ai deux enfants et d'excellentes relations m'annonce qu'il est recasé. Il me dit : « Sois gentille, à partir de maintenant, appelle-moi pendant les heures de bureau. »

Mais bien sûr, et pour les enfants, je fais le numéro du standard ou je passe par ton assistante ?

8. Comme mon ex partait souvent jouer au billard avec ses potes, j'ai eu des doutes sur sa fidélité. Un jour, je décide de lire son dernier SMS. Je suis vite rassurée en voyant qu'il s'agit de Jean-Pierre mais beaucoup moins en lisant le contenu du SMS : « Viens vite, je suis comme une folle, je rêve de ..., je t'attends mon petit cochon, ta Sophie. »

Après vérification, il y avait pas mal d'autres Jean-Pierre, Marc ou David qui jouaient au billard avec mon ex mais lui seul disposait du bon matériel [queue et boules].

9. Mon mec part en vacances pendant un mois et ne me donne aucune nouvelle. Il est injoignable. Finalement, au bout d'un mois et demi, je réussis à le contacter à son bureau. Il me dit que dès le début du séjour, il a perdu son portable dans la mer et qu'il n'a pas pu m'appeler.

Et l'iceberg du Titanic, *il l'a croisé la veille ou le lendemain ?*

UN EX SE CACHE SUR CETTE PHOTO

SAUREZ-VOUS LE RECONNAÎTRE ?

Histoire EXtraordinaire

SI VOTRE MEC VOUS DIT :

« Ma mère est dans le coma, je dois aller la voir à Toul » et que vous le voyez en photo sur Facebook avec une fille le soir même dans une boîte de nuit :

• soit sa mère est sortie miraculeusement du coma et il fête sa guérison… avec sa sœur… qui ne lui ressemble pas… mais pourquoi vous a-t-il dit qu'il était fils unique ? **À creuser…**

• soit il s'agissait juste d'un coma éthylique… mais est-ce une raison pour que lui aussi se bourre la gueule ? **À étudier…**

• soit sa mère est morte et là… il fait ce qu'il peut… on ne peut pas lui en vouloir. **À checker…**

• soit les heures de visite sont terminées et il se donne du courage pour le lendemain. **À voir…**

Si vous avez cru l'une des affirmations ci-dessus, nous ne pouvons pas grand-chose pour vous parce qu'

IL SE FOUT TOTALEMENT DE VOTRE GUEULE !

Mon ex est devenu une star

RIEN QUE
POUR ME FAIRE CHIER !

JE NE VEUX PLUS LE VOIR

ET JE LE VOIS PARTOUT !

UN EX SOURIAIT SUR CETTE PHOTO

SAUREZ-VOUS LE RECONSTITUER ?

Mieux vaut tard que jamais

Votre meilleure amie divorce et vous demande d'écrire ~~un torchon, une lettre anonyme, un brûlot, un torche-cul, une sitcom,~~ un courrier à son avocat stipulant que son ex est un gros connard ~~qui pète et qui pue,~~ qu'il l'a fait pleurer et souffrir chaque jour et qu'elle n'aurait jamais dû l'épouser, ni partager sa vie avec lui pendant dix-sept ans et encore moins lui faire quatre enfants.

En fait, elle vous demande d'écrire exactement ce que vous lui avez dit vingt ans plus tôt le soir de leur rencontre au Macumba Club de Juan-les-Pins !

PERSONNE NE PEUT CRITIQUER VOTRE EX

SAUF

Votre mère : « Je t'ai tout de suite dit que c'était un sale type mais tu ne m'écoutes jamais. »

Votre meilleur copain : « T'allais pas finir ta vie avec un mec qui met des socquettes dans ses sandales. »

Votre meilleure amie : « J'ai jamais osé te le dire mais il a essayé plusieurs fois de me sauter… »

Votre frère : « Il jouait encore à la PS2. »

Votre père : « Ouf, un baltringue de moins ! »

La gardienne : « Y aura moins de passage dans mes escaliers, avec toutes ces filles qui montaient chez vous ! »

MON EX NE VEUT PLUS PAYER LA PENSION ALIMENTAIRE PARCE QUE NOTRE FILS TRAVAILLE MAL À L'ÉCOLE !

TRAVAILLERA-T-IL MIEUX LE VENTRE VIDE ?

AUCUN NUTRITIONNISTE NE LE CONFIRME !

UNE HISTOIRE EXTRAORDINAIREMENT CLASSIQUE

- 1er **week-end depuis votre séparation**, votre ex a la garde des enfants mais il les refile à sa mère : ***pourquoi ?***

- **2e week-end de garde**, il les refile à la baby-sitter mais il reste avec eux : ***pourquoi ?***

- **3e week-end de garde**, il refile encore les mômes à sa mère mais il garde la baby-sitter : ***pourquoi ?***

- **4e week-end de garde**, il présente sa nouvelle copine à sa mère, à ses enfants et à tout le quartier : ***pourquoi ?*** Tout le monde connaît déjà la baby-sitter !

D'ailleurs, elle gardait déjà vos enfants avant votre séparation.

En y réfléchissant, l'enfant de la baby-sitter ressemble beaucoup à votre ex* : ***pourquoi ?***

Et en plus vous avez payé cette petite conne en chèques emploi service !!!

---

* Pour plus de détails : voir le cas « Arnold Schwarzenegger ».

Jeu des 6 erreurs

Vous êtes partie trois jours

Votre ex a-t-il dormi tout seul ?

Votre chambre avant le départ

Votre chambre à votre retour

• Il y a un chouchou à l'oreille du chat.
• Les draps ont été changés et repassés (première fois en dix-sept ans).
• Le cadre avec votre portrait est retourné.
• La télécommande n'a pas bougé depuis trois jours (il n'aurait donc pas regardé la télé pendant trois jours !).
• Le talon droit de votre escarpin est pété (elle a essayé vos pompes préférées, la hyène !).
• Un fouet de cuisine (?).

ET POUR ALLER PLUS LOIN

LA PAGE DES EXPERTS

- Une paire de faux-cils.
- Une miette de Krisprolls (vous n'en mangez jamais).
- Un strass provenant d'un string lamé.
- Un acarien provocateur.
- Une trace de vent (qui ne vient pas de Bretagne).
- Une écaille de votre essoreuse (autre lieu de fornication ?).

Et encore on vous a épargné les traces visibles sous luminol !

Et si vous aviez encore un doute, lisez le mot scotché sur votre boîte aux lettres :

Dura l'ex sed l'ex

Comme disaient les Romains :
dur est votre ex
mais ça vous est égal puisque

**maintenant c'est
devenu votre ex.**

La première fois que vous revoyez votre ex

EN PUBLIC

Il faut toujours qu'un imbécile vous présente l'un à l'autre :

« Anaïs, je te présente Philippe.
– Philippe, je te présente…
– Merci Franck, mais on se connaît déjà… »

GROS MALAISE dans la pièce !

Il y a ceux qui savent et qui stoppent net leurs conversations pour se retourner vers vous avec un air très gêné et les autres qui ressentent de l'électricité dans l'air et vous regardent d'un air interrogateur. Bref, vous êtes devenus le centre d'attraction.

Va-t-on assister à une énorme engueulade en direct ?

Allez-vous fondre en larmes et vous jeter dans les bras l'un de l'autre ?

Allez-vous immédiatement quitter la soirée chacun de votre côté ?

Votre nouveau mec va-t-il lui allonger une mandale ? (Surtout qu'il pense que vous avez recouché avec votre ex.)

Mais surtout, comment ce crétin de Franck a-t-il pu vous présenter à Philippe alors que vous êtes sortis ensemble pendant trois ans ?

NE PAS OUBLIER D'INVITER FRANCK À VOTRE PROCHAIN DÎNER DE CONS !

La première fois que vous revoyez votre ex

En privé

Voir chapitre page 17 :

Nous sommes toutes tentées de recoucher avec notre ex

Jeu d'évocation

Quand vous pensez à votre ex, vous pensez à :

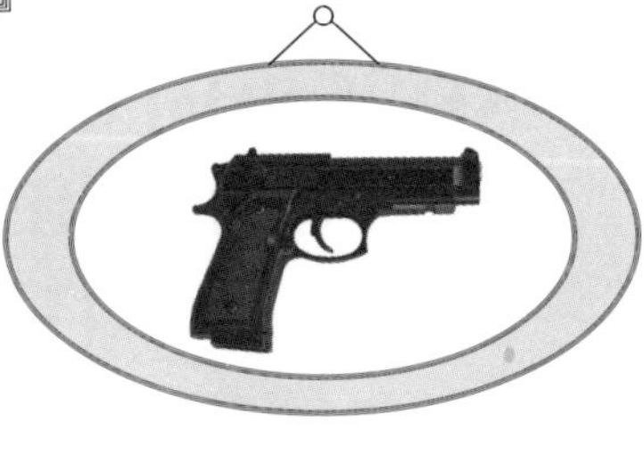

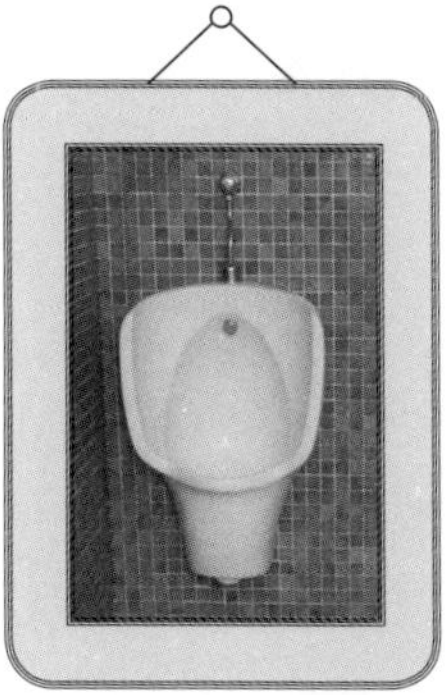

COMPLÉTEZ VOUS-MÊME AVEC VOS PROPRES PHOTOS
[effet thérapeutique garanti].

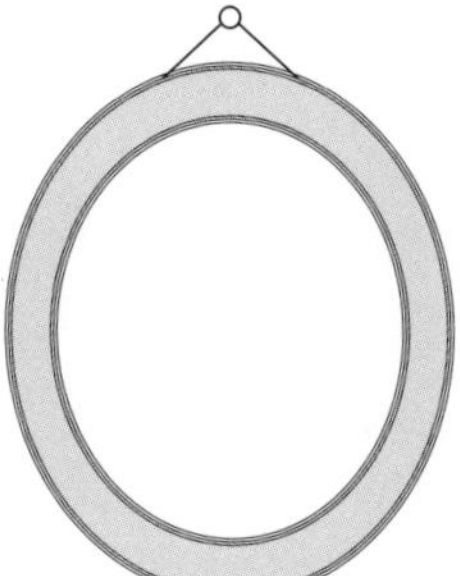

LES VILAINS EX

EXCRÉMENTS

EXTRÊME-ONCTION

EXAMEN

EXORBITANT

EXFOLIANT

EXSUDER

PATRICK

JEAN-FRANCOIS

MARC

À VOUS DE JOUER :

....

....

....

Grosse enquête

Pourquoi votre ex est-il un gros naze ?

PLUSIEURS HYPOTHÈSES

1) C'était déjà un gros naze avant de vous rencontrer.

a) C'est très probable, d'ailleurs beaucoup de vos amis avaient tout tenté pour que vous ne sortiez pas avec lui.

b) À l'époque, il vivait à l'étranger : pas de dossier, pas de trace ADN.

2) C'est vous qui l'avez rendu naze.

C'est bien possible car vous en êtes à votre cinquième gros naze : manque de chance, mauvaise influence, fatalité, et si c'était vous la grosse naze ? (OK, ce n'est pas drôle et ce n'est pas le bon moment pour se poser la question.)

3) Il n'est naze qu'avec vous.

Drôle, charmant, bosseur et fidèle en amitié, son côté gros naze ne se révèle qu'avec vous. L'auriez-vous rendu naze ? (Voir paragraphe 2) ci-dessus.)

COMPTE-T-IL RESTER UN GROS NAZE TOUTE SA VIE ?

Difficile à dire car on a déjà vu des gros nazes devenir de parfaits maris comme il y a des *terres brûlées donnant plus de blé qu'un meilleur avril* (quoi ? Non ! Oui, bon, on a un peu copié sur la chanson de Jacques Brel mais sans trop y croire).

Votre ex vous largue et veut devenir votre meilleur ami

~~C'est formidable comme idée~~
C'est très con comme idée !

Il va vous présenter toutes ses nouvelles copines pour avoir votre avis (au secours !).

Vous dormirez ensemble sans faire l'amour (alors que vous en crevez d'envie).

Vous dormirez ensemble en faisant l'amour car il trouve follement cool d'être votre « *sex friend* » (pour lui, c'est pour le sexe, pour vous, c'est un suicide moral).

Vous lui ferez l'amour pour le consoler de s'être fait larguer et vous serez totalement désespérée.

S'il vous plaît, s'il se marie, refusez d'être son témoin ! (Si, si, il va vous le demander.)

INTERRO SURPRISE

Pourquoi dites-vous
« MON EX »
alors qu'il n'est plus à vous
(du tout) ?

VOUS AVEZ QUATRE HEURES !

En revanche, vous pouvez toujours dire :
« Je vais prendre ma douche »
(même si ce n'est pas très français).

VOYAGES D'EX

Afin de ne rien laisser au hasard quand vous partez en voyage, nous recommandons de dresser la carte de vos ex.
Vous pouvez la sophistiquer en mentionnant les lieux de fornication, mais pour débuter nous suggérons d'indiquer uniquement le lieu de résidence principale de l'ex à l'époque de la liaison.
Si vous êtes une grande voyageuse et une grande amoureuse, nous prévoyons de fournir un atlas pliable de la Terre lors de la parution du tome 2 de cet ouvrage. Vous pourrez enfin remplir la carte mondiale de vos ex.

En attendant, nous vous souhaitons un bon voyage dans l'espace et surtout dans le temps.

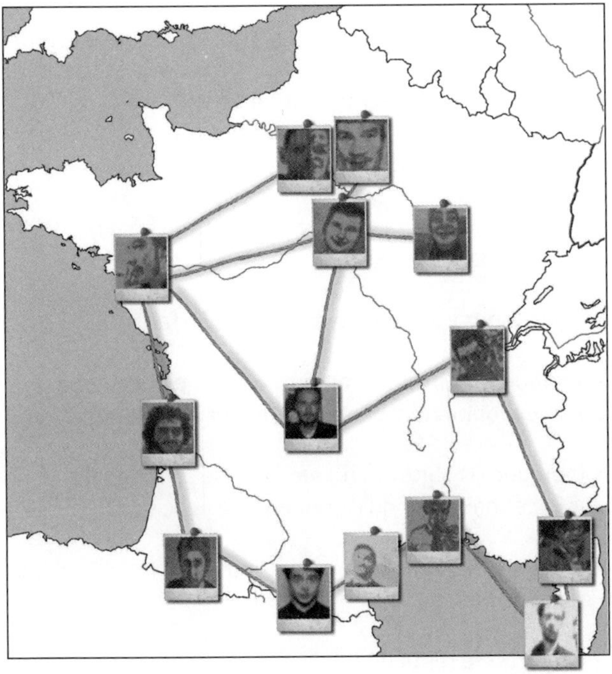

LES BARRIÈRES QUE VOTRE EX N'AURAIT JAMAIS DÛ FRANCHIR

- **Vous proposer un plan à trois avec sa nouvelle copine.**

- **Vous quitter en écrivant sur un post-it :**
« N'oublie pas mon costume au pressing. »
« N'oublie pas de nourrir Rex. »
« Mes clés sont chez la gardienne. »
« Je ne pourrai pas assister à l'anniversaire de ta connasse de mère. »

- **Téléphoner à sa femme avec votre forfait.**

- **Indiquer « Situation amoureuse : c'est compliqué » sur Facebook** (vous pensiez que tout allait bien).

- **Indiquer « Situation amoureuse : célibataire » sur Facebook** alors qu'il était encore avec vous.

- **Indiquer « Situation amoureuse : marié » sur Facebook** parce qu'il était déjà marié : ah bon ?

- **Emporter le reste du PQ.**

- **Vider l'appartement en laissant sa mémé au milieu du salon.**

- **Écrire sur la boîte aux lettres : « Ici vit une grosse salope qui baise comme un acarien. »**

Situations complEXes

☞ **Vous trouvez votre ex au lit avec deux femmes.**
Consolez-vous, vous n'auriez pas pu le satisfaire toute seule !

☞ **Vous trouvez votre ex au lit avec un homme.**
Vous n'auriez pas pu le satisfaire non plus, même toute seule.

☞ **Vous trouvez votre ex au lit avec deux hommes.**
Pas mieux !

☞ **Vous trouvez votre ex au lit avec son ex.**
Vous ne comprenez plus rien mais vous aurez peut-être votre chance dans le futur.

☞ **Vous trouvez votre ex au lit avec sa femme.**
Vous comprenez pourquoi il a toujours refusé de vous épouser (la polygamie n'est pas officiellement autorisée en France).

☞ **Vous rencontrez votre ex dans la rue avec sa femme et cinq enfants dont deux paires de jumeaux.**
Vous comprenez pourquoi il ne voulait pas d'enfants.

☞ **Vous trouvez votre ex tout nu au bureau avec son assistante.**
Vous comprenez pourquoi il est tout le temps enrhumé.

Camembert d'ex
(appellation d'origine contrôlée)

Les 1 719,501 % de mots les plus utilisés pour définir son ex (tous sexes et générations confondus).

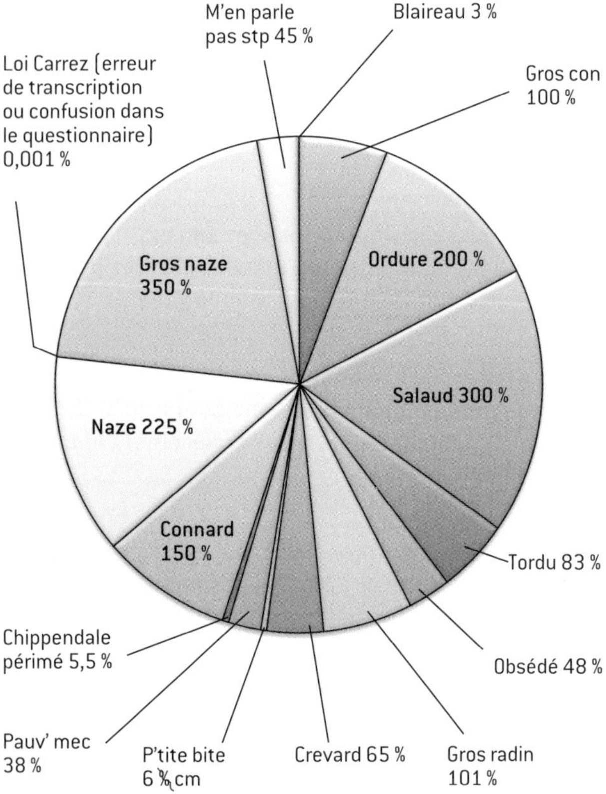

C'EST LUI OU C'EST MOI ?

Vous étiez la meilleure amie du couple mais depuis leur rupture, ils vous demandent de choisir : lui ou moi ? Après avoir tenté de vivre dans le mensonge quelques semaines, vous n'y parvenez plus. Impossible de les voir *séparément et en cachette* pour le restant de vos jours.

ALORS, LEQUEL CHOISIR ?

Pour vous aider, voici une petite liste comparative de leurs atouts :

ELLE	LUI
Carpaccio de thon	Poulet aux morilles
George Michael	Rolling Stones
Roland-Garros	OM
Piscine	Pétanque
Fous rires complices	Grosses rigolades
Titanic	*La Grande Vadrouille*
Yam's	Black jack

Vraiment impossible de choisir : soit vous attendez (longtemps) leur réconciliation, soit vous restez fâchée avec les deux, soit vous adoptez le mode de vie d'une espionne soviétique en pleine guerre froide. Mais si vous vous faites prendre, ne comptez pas sur nous pour vous échanger sur un pont.

Travaux pratiques

Comment éviter de revoir son ex ?

• **Ne vous mettez jamais en couple.**
D'accord, ce n'est pas marrant, mais c'est efficace à 100 %.

• **Ne vous remettez jamais en couple.**
Il ne fallait pas le revoir.

• **Ne faites jamais d'enfant avec lui.**
Si c'est déjà fait, vous devrez le supporter environ vingt-cinq ans. En attendant, soyez patiente.

• **Changez de lieu, surtout si vous habitez un village, sinon changez de nom ou de visage !**
Ne changez de sexe qu'en toute dernière option.

• **Feignez l'amnésie quand vous le croisez.**
« Bonjour monsieur, je suis ravie de faire votre connaissance... »
Attention : ne le traitez pas de petite b... dans un moment d'inattention. Surtout si c'est vrai.

SMS D'EX

j t kiff + J t kit

☞ Pas grave, votre ex était trop jeune.

Ma mie, ne parvenant à vous joindre ni par télégramme, ni par pneumatique, je me permets de demander à mon petit-fils de vous envoyer ce texto pour vous aviser de mon intention de ne pas me rendre à la représentation de La Traviata *jeudi en huit. J'en suis profondément désolé.*

☞ Pas grave, votre ex était trop vieux.

Patrick Minard et Sophie Dux vous invitent à leurs fiançailles.

☞ Votre ex a oublié de vous supprimer de ses contacts.

&€5/:?8ç§??ffi :gsssdijvgf

☞ Le chien de votre ex joue avec son portable ou votre ex est en train de faire l'amour avec une autre et a oublié le téléphone sur le lit (sous ses fesses).

La liste de vos envies

- Insulter votre ex (c'est vraiment la base).

- Déchirer ses vêtements (avec lui dedans).

- Lui envoyer des lettres anonymes en découpant les lettres dans son permis de conduire, son passeport et sa carte Visa.

- Le réveiller toutes les nuits « à l'ancienne » en téléphonant sur son fixe.

- Jeter ses affaires par la fenêtre en visant les poubelles municipales.

- Faire semblant de vous suicider au Magnum (Miko et pas Smith & Wesson) pour qu'il revienne.

- Crever ses quatre pneus et la roue de secours (si vous la trouvez).

• Rayer sa voiture, même à l'intérieur (à condition d'avoir gardé un double des clés).

• ~~Écrire un livre de plus de trois cents pages qui dirait tout, qui se vendrait à un million d'exemplaires et qui s'appellerait *Merci pour ce moment* (ah non, déjà fait).~~

• L'attendre en bas de chez lui tous les jours pour ~~l'apercevoir/l'embrasser/le supplier de vous aimer encore/le supplier de coucher une dernière fois avec vous~~/lui déverser une poubelle sur la tête/lui péter la gueule…

Complétez vous-même.

• ……………………………………………………………………
• ……………………………………………………………………
• ……………………………………………………………………

SI VOUS L'AVEZ DÉJÀ FAIT : VOUS ÊTES NORMALE ET ON VOUS COMPREND ! D'autres l'ont fait avant vous… Certaines sont en train de le faire en ce moment même…

SI VOUS N'AVEZ PAS ENVIE DE FAIRE ÇA : C'EST QUE VOUS L'AVEZ DÉJÀ FAIT.

Comment survivre au tatouage de son ex

Merde, vous avez tatoué son prénom sur votre corps !

Deux options : soit retrouver un nouveau mec portant le même prénom que lui, soit embaucher un excellent tatoueur.

AVANT

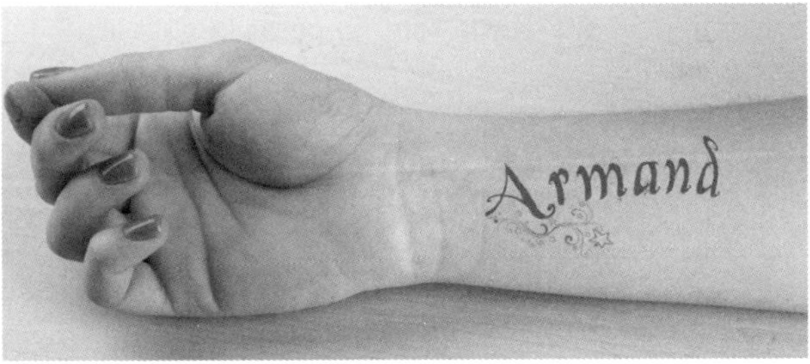

APRÈS

LE BON, LE RUT ET LE TRUAND

La plupart des ex appartiennent à trois catégories.

1. **LE BON** : celui sur lequel on peut toujours compter.

2. **LE RUT** : celui qui voudrait compter sur vous sexuellement toute sa vie même après dix ans de rupture. Il ne lâche jamais : flatteur, mais usant !

3. **LE TRUAND** : celui avec lequel il faut toujours tout recompter (plusieurs fois).

ATTENTION : malgré *Les Douze Salopards* et *Pour une poignée de dollars*, tous les titres de westerns n'évoquent pas vos ex.

MON EX EST UN COLLÈGUE DE BUREAU

Bon, nous connaissons toutes la règle « No zob in job » (pas de sexe au bureau), mais malheureusement, nous avons souvent du mal à la respecter. Alors pour vous aider, voici...

LES CONSEILS DES PROFESSIONNELS

1. Dorénavant, limitez tout dialogue avec lui.

☞ **C'est-à-dire** : faites-lui un doigt d'honneur dès que vous l'apercevez.

2. Conservez une attitude digne et professionnelle en sa présence.

☞ **C'est-à-dire** : ne lui jetez pas le string de sa maîtresse à la gueule mais glissez-le dans son parapheur.

3. Soyez objective lorsqu'un conflit survient.

☞ **C'est-à-dire** : prenez l'air étonné devant ses arguments avant d'éclater en sanglots puis quittez précipitamment la réunion en invoquant une terrible inquiétude pour l'avenir de l'entreprise et du groupe en général.

4. Si vous devez travailler avec lui, proposez de vous faire remplacer par un autre interlocuteur quand c'est possible.

☞ **C'est-à-dire** : ne choisissez pas la p... de la compta qui a égaré son string dans le parapheur ni aucune autre porteuse de string, choisissez une moche, un nul, un méchant ou quelqu'un qui pue !

5. Ne prenez jamais l'ascenseur seule avec lui.

☞ **C'est-à-dire** : préférez les escaliers, cardio-training garanti, vos fessiers seront sublimes malgré une libido plus calme.

L'AMOUR FAIT PARFOIS PERDRE LA TÊTE

(POUR DE VRAI)

Henri VIII s'est marié six fois et a fait décapiter deux de ses ex !

Alors franchement, le SMS DE RUPTURE que vous venez de recevoir après dix-sept ans de vie commune :

« Je te quitte. »

C'EST RIEN !

Gardez la tête… froide. Restez zen et répondez-lui :

« Moi aussi, que veux-tu manger ce soir ? »

Il comprendra qu'il a affaire à une femme forte qui ne se laisse pas facilement déstabiliser. Avec une telle attitude, même Henri VIII vous aurait laissé la vie sauve.

MON MEC ÉTAIT UN TRÈS BON COUP

Apparemment, ça se savait !

MON EX M'EMMERDE MÊME QUAND IL NE DIT RIEN*.

* C'est vous dire !

Au secours, mon ex revient !

Et ça tombe très mal
car vous vous sentez très seule en ce moment…

EN PLUS :

Il jure de ne plus jamais vous tromper
(donc avant il vous trompait).

Il pleure !
(C'est tellement émouvant de voir un homme pleurer.)

Il vous offre une bague (de fiançailles ?)
(alors qu'il n'a plus une thune et que le plus beau cadeau qu'il vous ait jamais offert est un Titi géant gagné au stand de tir de la fête à Neuneu).

Il vous jure qu'il ne voit plus l'autre depuis des semaines (bizarre, des photos d'elle circulent encore sur Facebook… mais c'est elle qui les poste et il ne peut pas les effacer).

Il n'a jamais cessé de vous aimer
(ah bon ? Il faudrait des preuves que vous n'avez pas).

Oh mon Dieu !
Vous allez succomber, vous le sentez…

HEUREUSEMENT,
UNE DERNIÈRE CHOSE VOUS RETIENT :
L'AVOUER À VOTRE MÈRE QUI LE HAIT CAR :

• ça fait sept mois qu'elle vous console jour et nuit !

• elle a annulé sa croisière annuelle « Spéciale chansons françaises » avec ses meilleures amies pour ne pas vous laisser déprimer toute seule chez vous ;

• elle vous a aidée à déménager (à 71 ans), ce qui lui a provoqué un lumbago (quatre mois d'immobilité) ;

• elle vous a prêté de l'argent pour aménager votre nouveau studio chez Conforama (IKEA impossible : il faut avoir au moins deux mecs pour tout monter et vous n'en avez même pas un).

Et surtout, vous lui avez juré de ne plus jamais le revoir car vous savez toutes les deux que
c'est un gros naze...

Réseau d'ex

Vous savez que vos ex sont de gros nazes mais vous êtes une affective et vous aimez les revoir quand même. Pour vous, c'est : « Amour un jour, amour toujours ».

Ils font partie de votre famille comme des frères, des cousins [des neveux ?], et surtout, ils sont devenus vos amis. Vous disposez d'un incroyable réseau d'ex !

Vous obtenez facilement :

• des stages pour les enfants de vos connaissances ;

• des rendez-vous urgents chez les plus prestigieux médecins de France ;

• des expertises de carrosserie [oui, vous avez un ex garagiste], et vous arrivez même à faire sauter certains PV de stationnement [sans demande d'enlèvement].

Comme vous n'êtes ni une ancienne élève de grande école, ni franc-maçonne, ni membre du Rotary de Neuilly et que vous n'avez que la carte Monoprix, le doute s'installe.

Comment connaissez-vous autant de monde dans tous les milieux ?

Les Renseignements généraux mènent l'enquête.

Votre gardienne a la réponse : « La dame du cinquième gauche, elle voit beaucoup de messieurs et elle ne se fâche jamais avec eux. »

Voilà : les RG et tout le quartier pensent que vous êtes une s..., mais ils se méfient de vous parce que vous avez des relations.

Comment votre ex s'est-il transformé en gros naze ?

en 5 étapes

Première étape : il a vidé le livret A et dépensé tout l'argent au PMU.
Vous le découvrez lorsque vous devez payer vos impôts.
Vous découvrez aussi qu'il est joueur !

Deuxième étape : il s'est tapé une prostituée pendant un séminaire.
Cependant, vous n'êtes pas certaine qu'il s'agissait d'une prostituée. Ni vraiment d'un séminaire.

Troisième étape : au moment du divorce, il vous demande une pension alimentaire parce qu'il ne travaille pas.
Il n'a pas le temps : il joue aux courses le jour et au poker la nuit !

Quatrième étape : quand il est ruiné et poursuivi par les banques et la mafia slovène, il vous demande de le cacher dans la cabane à outils près de la niche au fond du jardin. Les chiens sont d'accord, mais pas vous.

Ultime étape : après sa mort, vous découvrez chez le notaire qu'il a eu un autre enfant qui parle couramment slovène. Et qu'il l'a reconnu (vos enfants sont ravis !).

Histoire EXtraordinaire

Vous chargez votre fiancé de poster les faire-part de votre mariage. Il trébuche devant le bureau de poste et laisse tomber une partie des faire-part dans le caniveau.

En les voyant s'éloigner dans la rigole telle une régate de bristols, il réalise soudain qu'il ne vous aime plus et qu'il fait une énorme connerie en se mariant avec vous. Il se dit même : « L'ai-je jamais aimée ? »

Comme il ne revient pas, vous êtes folle d'inquiétude et il y a de quoi ! Vous l'imaginez mort, aplati sous les roues d'un gros camion jaune de La Poste. D'ailleurs, soyons honnêtes, vous auriez préféré. Il est évidemment horrible d'annoncer que son fiancé est mort écrasé par un poids lourd mais avouer qu'un vulgaire caniveau a eu la peau de votre amour, n'est-ce pas pire ?

MORALITÉS

☞ Ne jamais confier les faire-part à son fiancé.

☞ Ne jamais prévoir de se marier, ou alors envoyer soi-même les invitations.

Les ex de la honte

Certains ex vous collent vraiment la honte : les ex de jeunesse, les ex de votre période gothique, scouts, guitare, jumelage franco-allemand, enterrements de vie de jeunes filles… Quand vous les croisez, employez l'une des cinq tactiques ci-dessous.

1. La tactique du sosie

« Kim ?

– Non, désolée, moi, c'est Liliane. Et je ne suis jamais allée à Hambourg. »

2. L'erreur de saisie

« Se revoir ?

– Mais si ça me ferait très plaisir.

– …

– Alors : 06 00 00 00 01… Si, si, ce numéro existe, mon père bosse chez Orange. »

3. La tactique de la fantaisie

Chantez à tue-tête en sautillant sur un pied lorsqu'il s'approche et répondez à ses questions en hurlant. Cela devrait suffisamment l'inquiéter pour qu'il ne cherche plus jamais à vous revoir.

4. La tactique du petit zizi

Sans commentaire (définitif mais très humiliant).

5. La retraite de Russie (origine napoléonienne)

Partez en courant et en sens inverse dès que vous le repérez. Ne vous noyez pas dans une patinoire sur le chemin du retour (référence historique).

CE GROS NAZE
A DEMANDÉ
LA GARDE ALTERNÉE
DU CHIEN !

COMMENT FAIT-ON POUR LE FICUS ?

La vengeance d'ex est un plat qui se mange froid

1979 : vous êtes en troisième B et vous flirtez avec Thierry pendant six mois. Vous le larguez puis vous l'oubliez.

2003 : vingt-quatre ans plus tard, il vous séduit et vous tombez follement amoureuse de lui. Après huit mois de passion intense, alors que vous avez quitté votre mari et déménagé avec vos trois enfants, il vous largue pour se venger !

Lui, à l'époque, il était célibataire, sans femme, sans enfant ; il vivait avec ses deux tortues chez ses parents : un collégien de troisième B quoi…

C'EST QUOI, SON DÉLIRE DE VENGEANCE :

RETOUR VERS LE FUTUR DE LA LIAISON FATALE ?

Touche pas à mon réseau social

VOTRE EX POSTE UNE PHOTO DE SA NOUVELLE CONQUÊTE SUR FACEBOOK AVEC CE STATUT BIEN POURRI :

« LA FEMME DE MA VIE ».

- Si vous avez moins de 25 ans : commentez avec : « Sale p... », « Reine des p... », ou « V'la la p... ! ».

- Si vous avez de l'humour, écrivez : « Après notre rupture, j'ai cru que je n'allais plus rire de ma vie et puis j'ai vu ta nouvelle meuf ! »

- Si vous avez des enfants avec lui, n'hésitez pas à ajouter : « Pas certain qu'on te l'encadre pour la fête des pères. »

- S'il sort avec un homme, témoignez de votre ouverture d'esprit : « Ah, mais je vois que Patricia s'appelle Patrick ! »

PETIT RAPPEL :

VOTRE EX N'EST ~~PLUS~~ PAS VOTRE AMI DONC RETIREZ-LE DE VOS AMIS ET BLOQUEZ-LE, BLOQUEZ-LE, BLOQUEZ-LE, BLOQUEZ-LE, BLOQUEZ-LE, BLOQUEZ-LE, BLOQUEZ-LE, BLOQUEZ-LE, BLOQUEZ-LE, BLOQUEZ-LE, BLOQUEZ-LE !

Est-ce que coucher pendant un break, c'est tromper ?

Courriel de **Jeanne, 25 ans**, Aix-en-Provence :

De : jeanne.[redacted]@gmail.com
Date : vendredi 13 février 2015 16:12
À : storckahnmonex@[redacted]
Objet : Mon ex est un gros naze

Après un break, je décide de revenir avec mon ex mais il m'avoue qu'il m'a trompée. Je lui hurle dessus et il me répond : « Je t'ai trompée, mais ça ne compte pas, c'était pendant notre break. »
Sauf que moi, je ne l'ai pas trompé pendant notre break, alors je me demande si tromper pendant un break, c'est VRAIMENT tromper ?
Du coup, j'ai refait un break pour le tromper aussi.
Mais quand je lui ai dit que je l'avais trompé pendant le break, il m'a quittée parce que je l'avais trompé...

Notre réponse : arrêtez les breaks, arrêtez de vous tromper pendant vos breaks et arrêtez de nous écrire après vos breaks, vous êtes trop compliqués ! Nous aussi, on fait un break.

Jeu

Fais-toi plaisir avec ton ex

1/ Relie les points de A à E et de 1 à 42.

2/ Une fois les points reliés, colle le visage de ton ex dans le rond.

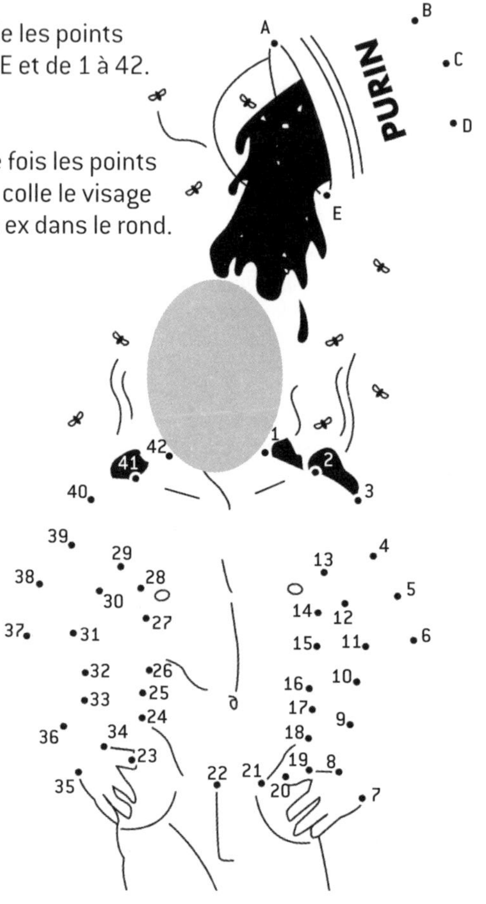

ÇA FAIT DU BIEN, HEIN ?

Votre ex vous écrit

EN VOUS INSULTANT SANS RAISON

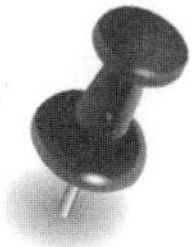

« GROSSE POUFIASSE,

JE NE VEUX PLUS QUE TU DISES À ARTHUR QUE JE VOUS AI ABANDONNÉS TOUS LES DEUX POUR NIQUER LA SALOPE DE COIFFEUSE. D'ABORD, ELLE EST COSMÉTICIENNE FOLLICULAIRE, ET SI TU CONTINUES, JE DIRAI À ARTHUR QUE TU N'AS JAMAIS EU TON BAC ET QUE TU RÊVAIS D'AVOIR UNE FILLE.

DANS TA SALE GUEULE ! »

Votre ex vous écrit

AVEC STYLE

Du jour au lendemain, votre ex vous écrit dans un style curieux et administratif sans doute recommandé par son avocat (« ne mettez pas d'affect dans vos courriers ») ou par son psy (« essayez de prendre de la distance »).

> « Madame,
>
> Je vous prie de veiller à bien vouloir mettre le dentifrice de Benjamin ainsi que ses cinq slips Petit-Bateau dans la valise car je viendrai le chercher pour les vacances de la Toussaint comme convenu dans le jugement de divorce daté du 28 mars 2010 en la ville de Beauvais et acté en présence de Maître Schmolldu.
>
> Salutations.
>
> Fait à Beauvais, le 16 février 2015, pour servir et valoir ce que de droit. »

Finalement, je me demande si je ne préférais pas ses lettres d'insultes !

JEU FLÉCHÉ

QUE FAIRE DES CADEAUX DE SON EX ?

Exemple :

String lamé or Chantelle	Garder
Billy (bichon maltais)	Revendre

Calendrier « Les Dieux du stade »	Rendre
Sorbetière Krups	Mettre au coffre
Collier polynésien	Déchirer
Austin mini intérieur cuir	Jeter (aux ordures)
Intégrale de Jo Dassin/Aznavour/Piaf	Donner
Montre de votre pépé	Reprendre
Bague en ~~diamant~~ zircon (expertise en cours)	Brûler
Sombrero/poncho	Jeter (par la fenêtre)

Complétez vous-même :

....	Mettre en vente sur eBay
....	Proposer à Emmaüs
....	Jeter (à la figure)

Attention : si vous conservez trop de souvenirs de votre ex, vous aurez beaucoup de difficultés à tourner la page. En revanche, si vous vendez beaucoup de cadeaux de votre ex, vous pourrez vous offrir un beau voyage avec votre nouveau fiancé. Évitez de rapporter trop de babioles (colliers de fleurs, sombrero...), ça ne vaut rien, ça encombre vos placards et on ne sait pas quoi en faire plus tard.

Sexe par intérim

Courriel de **Sarah, 35 ans,** de Saint-Cloud :

De : sarah.[redacted]@hotmail.fr
Date : lundi 9 mars 2015 10:18
À : storckahnmonex@[redacted]
Objet : Mon ex est un gros naze

Après deux ans sans nouvelles, mon ex me rappelle. J'avoue que sur le moment, j'étais follement heureuse car je n'avais jamais cessé de penser à lui. Une fois chez moi, il me dit que sa nana est enceinte de sept mois et que côté sexe, c'est ceinture... Alors il est vraiment très heureux de me revoir. Bien sûr, je l'ai viré.

Notre réponse : prenez un CDI, l'intérim, c'est pas votre truc.

LE TOP 3
DES PIRES EX

En 3e position :

L'ex qui **POUR VOUS EMMERDER** reste vivre chez vous.
Soi-disant, pour les enfants.
Parce qu'il n'a pas d'appart.
Parce qu'il n'a pas d'argent.
Parce que c'est vous qui le quittez et qu'il ne voit pas pourquoi c'est lui qui partirait (elle est à qui la baraque ?).

En 2e position :

L'ex qui **POUR VOUS METTRE LA HONTE** s'installe juste en face de chez vous dans la caravane au fond du jardin (les enfants sont ravis : « La caravane, c'est trop génial Maman, pourquoi tu ne viens pas avec nous ? ») parce que le jardin lui appartient encore (vous êtes même invitée aux barbecues et vous êtes obligée d'accepter pour faire plaisir aux enfants).

En 1re position :

L'ex qui vous a plantée le jour de votre mariage, il y a vingt-deux ans, **POUR RUINER VOTRE VIE.** Le mot « planter » prend tout son sens car cette nuit-là, vous le cherchiez partout pour lui planter à votre tour le couteau de la pièce montée dans le cœur et tuer tous les connards de sa famille. Mais bon... ça ne se fait pas et vous ne vouliez pas tacher votre robe... On ne sait jamais, elle pouvait encore servir... à quelqu'un d'autre...

Son compte est bon

Vous découvrez que votre ex a un compte en Suisse.

a] Vous le dénoncez ?

b] Vous le faites chanter ?

c] Vous tentez de le reconquérir ?

La bonne réponse :

vous le faites chanter
pour lui piquer le pognon,
donc pas besoin de le reconquérir.

Puis vous le dénoncez.

BEN QUOI, ON N'A PAS DIT QUE C'ÉTAIT UN EX ?

Presque seule au monde

Vous êtes seule sur une île déserte et vous croisez votre ex, seul aussi.

QUE FAIRE ?

☞ Le tuer pour se nourrir.

☞ L'ignorer.

☞ Faire semblant de parler à quelqu'un d'autre (un bananier ?).

☞ Lui péter la gueule à coups de coco-fesses (ça fait du bien) puis vous enfuir en courant assez vite.

☞ Téléphoner à votre avocat et porter plainte pour harcèlement.

☞ Partager équitablement le territoire (vous, la terre, et lui, ~~sa mère~~ la mer).

Comment se venger de son ex

Après la rupture, il est temps de déménager, de séparer les affaires en deux et de les répartir dans des cartons bien distincts. N'hésitez pas à glisser des photos de vous dans les cartons de votre ex : les plus belles, celles où vous êtes à croquer, celles qui raviveront ses meilleurs souvenirs, celles qui le faisaient craquer.

Ensuite, imaginez la tête de sa petite amie, si heureuse d'emménager dans son nouvel appartement avec ~~votre~~ son chéri, quand elle ouvrira les cartons et qu'elle découvrira une sublime photo de vous en bikini coincée entre un caleçon et une chemise, une photo où vous êtes tendrement enlacés glissée entre deux assiettes, ou pire, une photo de vos fiançailles marquant l'une des pages de son bouquin préféré (*Belle du seigneur*), celui dont il lui a tant parlé.

Elle sera enchantée de voir que vous êtes irremplaçable et il sera content de lui expliquer la présence de toutes ces photos dans ses petites affaires !

MORALITÉ

Il n'a qu'à faire et défaire ses cartons lui-même !

Autre vengeance mode d'emploi

(en option)

Étape 1

Glissez dans le pare-soleil de sa voiture (côté passager) une photo de vous (sublime, heureuse et bronzée) tendrement nichée dans les bras de votre ex.

Étape 2

En ouvrant le pare-soleil pour se remaquiller, sa nouvelle copine sera ravie d'admirer cette photo.

Étape 3

Soirée (voire nuit/voire vie) foutue garantie !

Si les derniers mots prononcés par votre ex étaient…

• Ne claque pas la porte en sortant !

• Je ne comprends pas, c'est la première fois que ça m'arrive. (Pas de pitié pour les mauvais coups.)

• Crève sale morue !

• 3 h 10. (Que lui aviez-vous demandé exactement ?)

• Ta mère : je l'emmerde !

• Ma mère : elle t'emmerde !

• Tu es complètement parano, c'est juste une copine !

• T'es malade, j'en ai pour sept heures de marche ! (Ne jamais s'engueuler sur une aire d'autoroute.)

IL FALLAIT LE QUITTER AVANT !

Épithaphes « À mon ex »

**VOUS Y AVEZ PENSÉ,
NOUS LES AVONS DESSINÉES.**

Attention, ne passez pas à l'acte !

CARNET D'EX

Carnet de suivi à se refiler d'ex en nouvelle conquête.

Mode d'emploi : lorsque vous larguez votre mec, n'oubliez pas de bien remplir son carnet d'ex.
Ça aidera ses prochaines copines : solidarité féminine oblige !

Nom : ....

Prénom : ....

Date de naissance : ....

Adresse : ....

....

Téléphone : ....

Email : ....

En cas de perte merci de bien vouloir retourner ce carnet à l'adresse indiquée ou joindre par téléphone le numéro ci-dessus.

	Dates	Lieux	Goûts	Fréquence
Anniversaires	Amnésie totale ou partielle.		Cadeaux toujours à côté de la plaque.	
Vacances	Du 14 juillet au 8 août chez ses parents au Lavandou.			
Sexe				Débridé, régulier, sporadique, ~~tentative d'échangisme~~.
Mère			Allergique à tout et surtout à vous !	
Potes			Rien à en tirer quand vous aurez repoussé leurs avances.	

Avertissement
S'il vous dit : « Je vais chercher des clopes », il peut ne jamais revenir.

Ce que l'on n'a pas mis dans le livre car vous ne l'auriez pas cru

J'AI VOULU TUER MON EX
enfin... le faire tuer car je suis très maladroite.

Mais je n'ai pas de connexion dans le milieu.

Alors j'ai eu peur de le rater, d'aller en taule et que ma belle-mère ou lui aient la garde des enfants.

Je me suis dit que ce ne serait pas sympa pour nos enfants.

En plus, il n'a pas d'assurance-décès.

Bref, il l'a échappé belle.

Bons à découper

Pour se rappeler qu'on vaut mieux qu'un gros naze (à toujours conserver sur soi en cas de retour inopiné d'ex)

*Je suis jolie, intelligente et attirante
et je mérite beaucoup mieux
qu'un gros naze !*

*Je suis jolie, intelligente et attirante
et je mérite beaucoup mieux
qu'un gros naze !*

*Je suis jolie, intelligente et attirante
et je mérite beaucoup mieux
qu'un gros naze !*

COCHON AUX CHAMPIGNONS (RECETTE TRADITIONNELLE)

Ingrédients

1 paire de bottes, 1 panier d'osier, 1 kg de girolles, 500 g de cèpes, 1 gousse d'ail, 300 g de terreau, 1 soupçon de naïveté.

« Mon ex disait à sa femme qu'il partait cueillir des champignons quand nous passions l'après-midi ensemble. Avant sa venue, j'étais obligée d'aller au marché acheter des champignons du jour et de prévoir du terreau pour crotter ses bottes !

Notre aventure s'est terminée à la fin de l'automne… Difficile de faire croire à sa femme qu'il allait ramasser des glands pendant l'hiver ! À moins d'acheter des cochons, mais je vis dans un appartement. Et puis un cochon, il y en avait déjà un dans l'appartement… »

À bon entendeur, salaud !

COMMENT RECONQUÉRIR SON EX

Par déontologie, les auteurs ont choisi de ne pas développer ce chapitre.

Comment imaginer vous donner des conseils pour reconquérir votre ex alors que nous avons intitulé notre ouvrage *Mon ex est un gros naze* ? Ce serait malhonnête de notre part et nous ne sommes même pas certains de vendre plus de livres !

Si c'est un gros naze, pourquoi voulez-vous le reconquérir ?

LA SEULE BONNE RAISON SERAIT LA VENGEANCE.

Or les auteurs déconseillent formellement cette motivation lamentable même s'ils ont dû parfois s'y résoudre. C'était il y a bien longtemps et ils ne se souviennent plus comment ils ont fait.

BREF, on ne va pas discuter avec vous pendant des heures : c'est NON !

Tout dernier test avant de le larguer en lui offrant ce livre

Il n'a jamais descendu la poubelle en cinq ans, ni acheté un rouleau de PQ, ni même une bouteille d'eau (50 cl).	☐ Oui	☐ Non
Il ne connaît toujours pas le prénom de votre mère.	☐ Oui	☐ Non
Il est certain que vous ne voudrez jamais d'enfants (c'est ce que vous lui aviez dit, un peu bourrée, un soir où un bébé hurlait à côté de vous au restaurant, mais il vous a crue, ce con !).	☐ Oui	☐ Non
Il ne sait toujours pas qu'il y a un fleuriste en bas de chez vous.	☐ Oui	☐ Non
Il répond : « Mmmm... » quand vous lui demandez : « Est-ce que tu m'aimes ? »	☐ Oui	☐ Non
Il pourrait être cocu tous les soirs de match PSG/OM et OM/PSG, d'ailleurs un soir, il l'a été (230 euros de Victoria's Secret à amortir, frais de port inclus).	☐ Oui	☐ Non

Il fait du bruit avec la bouche quand il mange.	☐ Oui	☐ Non
Il dit : « J'en ai baisé des plus moches ! » quand il voit une jolie fille. Son père le disait déjà !	☐ Oui	☐ Non
Il croit qu'Ariel est une voisine, Vizir le cousin turc de votre père et Le Chat Machine le surnom du vétérinaire.	☐ Oui	☐ Non
Vous avez récemment compris qu'il est convaincu que le chômage existe parce que les femmes travaillent.	☐ Oui	☐ Non
Il se ronge les ongles des doigts de pied.	☐ Oui	☐ Non

Si vous n'obtenez qu'un seul « oui » : êtes-vous certaine de bien comprendre le français ?

Si vous obtenez deux « oui » : avez-vous sincèrement répondu aux onze questions ?

Trois « oui » et plus : non, non et non, ne restez pas avec lui. C'est vraiment un gros naze ! Ne lui offrez pas non plus ce livre car il ne le mérite pas.

Par souci d'équité et aussi parce que mon coauteur est un homme, voici quelques pages de science-fiction intitulées :

De quelle ex disposez-vous ?

a] Celle qui a TOUT gardé sauf le cabanon dans lequel vous vivez. [En attendant de vous refaire, vous pouvez vendre les pommes de terre et les feuilles de basilic du potager à la kermesse de l'école.]

b] Celle qui a refait sa vie avec votre meilleur ami, parrain de vos enfants et témoin à votre mariage… [Ce connard vous avait déconseillé de l'épouser : tu m'étonnes !]

c] Celle qui vous harcèle depuis que vous êtes parti avec sa meilleure amie, marraine de vos enfants et témoin à votre mariage. [Elle lui avait déconseillé de vous épouser : tu m'étonnes !]

d] Celle qui dit à tout le monde que vous baisez comme un panda nain*. [C'est bizarre, elle adorait les pandas nains.]

e] Celle qui se fait passer pour une victime auprès de tous pour mieux vous plumer. [Faites réparer d'urgence le cabanon.]

Liste à compléter vous-même

MON EX : celle qui ……………………………………………

---

* Espèce que l'on croyait éteinte jusqu'à ce que l'on découvre un crâne de panda nain en Chine en 2007.

Quand peut-on critiquer l'ex d'un pote ?

D'une manière générale, nous vous conseillons d'attendre six à neuf mois pour critiquer l'ex d'un pote, afin d'être bien certain qu'il s'agit d'une ex et que leur liaison ne sera jamais réactivée.

Sinon, vous risquez d'incroyables moments de solitude comme celui-ci :

Vous : « Alors, toujours aucune nouvelle de cette conne/truie/salope/pute (un seul choix) de Charlotte ? »

Lui : « Heu... si justement, on s'est réconciliés avant-hier soir et on était venus te l'annoncer... »

Vous : « Oh pardon Charlotte, je ne t'avais pas vue derrière Patrick... Ah, tu t'es fait couper les cheveux... Ça te va très bien... »

FIN...

D'UNE LONGUE AMITIÉ.

AVEC QUI PARTENT LES EX ?

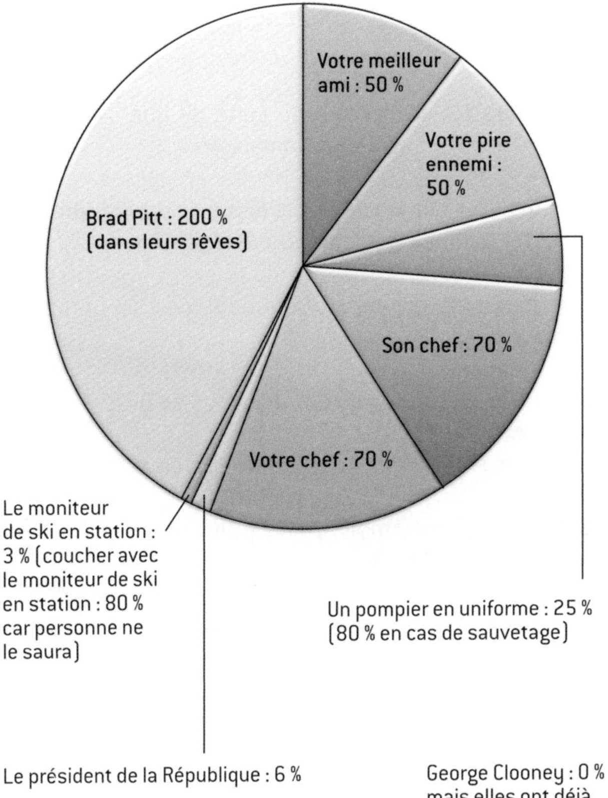

Personne ne peut critiquer votre ex

SAUF…

Votre mère : « Je t'ai tout de suite dit que c'était une garce mais tu ne m'écoutes jamais. »

Votre meilleur copain : « Dès le début, je trouvais bizarre que cette bombe tombe amoureuse de toi. »

Votre meilleure copine : « Une meuf avec un yorkshire méché… »

Votre frère : « Tu crois qu'elle a changé de 06 ? »

Votre père : « Comment s'appelait-elle, déjà ? »

La gardienne : « Au moins, y aura plus de pisse de chien plein mes escaliers. »

Votre nouvelle copine : « C'est curieux, j'ai l'impression que ton père ne se souvient jamais de mon prénom… »

L'amour ~~est~~ était aveugle

Lorsque l'amour s'éteint et que l'on croise son ex
dans la rue ou au détour d'un vieil album de photos,
on se demande souvent :

EST-CE QUE MON EX AVAIT DÉJÀ...

le cul bas ;

la fesse molle ;

les dents jaunes ;

les cheveux jaunes
(décidément elle aime le jaune) ;

la marque de sa culotte sous la jupe ;

des collants troués ;

de la cellulite dans le dos ;

un rire strident ;

du poil sur les seins ;

Térébenthine comme prénom...

QUAND NOUS SORTIONS ENSEMBLE ?

Comment survivre avec le tatouage de son ex ?

Merde, vous avez son prénom tatoué sur une partie (intime... ou pas) de votre corps !

Soit vous êtes obligé de retrouver une meuf qui a le même prénom que votre ex tout en faisant valoir vos talents divinatoires, soit :

AVANT

APRÈS

VOTRE EX S'EST RECASÉE MAIS ELLE N'OSE PAS VOUS LE DIRE

Voici quelques signes avant-coureurs.

• Elle ne vous envoie plus douze SMS par jour.

• Elle ne vous laisse plus monter dans l'appartement pour accompagner les enfants.

• D'ailleurs, les enfants restent très évasifs quand vous les interrogez.

• Elle renégocie les jours de garde partagée.

• Elle recommence à fumer.

• Elle a changé de look/coupe/couleur/voiture…

• Elle se vaccine contre la fièvre jaune : un départ en Afrique ?

• Elle porte sa veste rouge/jaune/fuchsia.

• Elle a renoncé à se faire refaire les seins et a perdu six kilos, ou au contraire, elle s'est fait refaire les seins et a pris dix kilos !

L'ARME FATALE DE VOTRE EX : VOS ENFANTS

Elle les dépose sans aucun vêtement de rechange.
Elle a oublié ! C'est bête, mais votre nouvelle copine va aller leur en acheter puisque les enfants l'adooorent et la trouvent trop joliiie.

Elle les dépose très en retard.
Du coup, vous ratez la séance de cinéma alors que votre télé est en panne. Vous donnez le change et dites d'un air ravi : « Super, pour une fois, on va lire ! »

Elle ne peut pas venir les chercher.
Trop occupée à... avec son nouveau mec. C'est pas grave, vos enfants vont adorer aller au bureau avec vous. La banque, les agios, les plans retraite : à 4 ans et demi et 6 ans, c'est fun !

Elle dit aux enfants que les pizzas et les pancakes qu'ils mangent chez vous sont très mauvais pour leur santé : « Quand vous serez malades, Papa vous enverra à la montagne chez Mamie et pourra refaire sa vie avec la vilaine dame qui fait tant de peine à Maman. » Heureusement, cette stratégie est inefficace car vos enfants adorent les pizzas surgelées et les pancakes décongelés et même ceux faits maison.

Elle se trompe de semaine de vacances : oups !
Dommage, on ne peut plus rien changer... absolument rien.

Loisirs créatifs régressifs avec effets psychologiques positifs

COLLEZ UNE OU PLUSIEURS PHOTOS DE VOTRE EX SUR UNE FEUILLE DE PAPIER AU FORMAT A4, PUIS :

☞ gribouillez sa tête avec un gros feutre indélébile, et/ou ;

☞ grattez sa tête avec un cure-dents, et/ou ;

☞ découpez sa tête et mettez une photo de truie à sa place, et/ou ;

☞ dessinez-lui des moustaches (si elle n'en a pas déjà) ou rajoutez-lui une barbe.

Et si vous ne vous sentez toujours pas mieux, dessinez sur sa robe un gros sexe et écrivez en diagonale sur la photo :

« Crève (au crayon HB) salope (en gommettes) ! »

Si vous avez des enfants avec cette personne, n'affichez aucune œuvre sur le frigo ou sur la porte des toilettes.

Si le divorce est prononcé à vos torts exclusifs, vous pouvez tout lui envoyer (en A/R).

REMERCIEMENTS

Merci à tous les ex sans qui la rédaction de ce livre n'aurait pas été possible.

Merci à tous nos amis testeurs, rapporteurs et raconteurs d'histoires d'ex :

Yaël, Virginie, Sylvie, Rebecca, Nelly, Nathan, Nathalie, Marie, Dada M, Laurence, Joëlle, Isabelle, Elisabeth, Diane, Delphine, Corinne, Caroline, Betty, Angélique, et ma petite maman.

Des remerciements tout particuliers à ceux qui ont cru en *Mon ado* et ont permis la naissance de *Mon ex*.

Michèle et Émilie de la grande armée.
Moïse, Ainara, Marie et Estelle, les rois de la jungle.
Marc et Catherine de Belgique.
Edwige de partout et d'Ibiza.
Barbara d'Enghien.
Julie et Thomas de L'Amandier avec Mademoiselle Caroline de Puteaux.
Bernadette et Sylvain de Montparnasse.
Dominique de Clamart.
Isabelle de Boulogne.
Véronique du Val-d'Oise et de Facebook.
Philippe de Coulommiers.
Éric de Paris Dode.
Sigolène de Levallois.
Laurence de Paris et Roselyne de France...

Et à tous les lecteurs et lectrices qui nous font une pub d'enfer sur les réseaux sociaux !

1 000 mercis !